# 新興国における金融統合と消費の過剰変動

## ー米国実質金利の影響ー

山田 春菜

三菱経済研究所

# 序文

　1990年代以降進展し続けてきた経済のグローバル化は，新型コロナ
ウイルスの蔓延やロシアによるウクライナ侵攻によって翳りを見せて
いる．コロナウイルス対策のための国境封鎖によって，これまで自由
に往来できた人や物の移動が大幅に制限され，世界経済に大打撃を与
えた．また，欧米とロシアの対立による影響は，経済制裁を通じた直
接的な金融・物流への影響にとどまらない．これまで20年近くにわ
たって築き上げられてきた経済合理性に基づく国境を超えた生産活動
や金融取引から，国家安全保障を重視する自国，あるいは同盟国に限
られた経済活動への構造的な変化を加速させた．グローバル化に暗雲
が立ち込めるいま，改めてグローバル化の進展が世界経済にもたらし
た功罪を評価することは，今後の世界経済のあり方を議論する上で重
要な手がかりとなるだろう．
　本書は，広義には，グローバル化の一側面である金融統合が新興国
経済に与える影響を理論的に分析した研究として位置づけられる．本
書では，金融統合の数多の効果のうち，新興国の消費のボラティリティ
に対する影響に焦点を絞り議論する．新興国では，消費の変動がGDP
の変動よりも大きく，「消費の過剰変動」が生じていることが先行研究
によって指摘されている．さらにこの消費の過剰変動は，金融統合度
が高まるほど激しくなることも実証的に示されている．これは，標準
的なマクロ経済学の理論が予見する金融統合の効果と矛盾する事象で
ある．標準的理論では，金融統合の進展は，より自由な対外金融取引
を通じた消費の平準化を可能にすると考えられてきた．つまり，海外

との自由な資金の貸し借りによって，国内の経済変動（当該国固有の所得ショック）の消費に対する影響を和らげ，消費の変動は GDP の変動よりも小さくなると予見されていた．

本書では，なぜ新興国において金融統合度が高まるほど，消費の過剰変動がより激しくなるのかを理論的に明らかにする．その際，本書が着目するのは，新興国経済に多大な影響力を持つ米国実質金利である．

2022 年 3 月，米国連邦準備制度理事会（FRB）は連邦公開市場委員会（FOMC）において政策金利の引き上げを発表し，2020 年 3 月から続いたゼロ金利政策が解除された．以降，FRB が立て続けに利上げを発表する中で，新興国からの資金流出が続いている．こうした中，投資家によってリスクが高いと判断された新興国では，国際金融市場での借り入れが困難になり，資金が枯渇するのではないかという懸念が生じている (ロイター, 2022; Adrian, 2022).

このような新興国の現状を背景に，本書では,「金融統合の進展に伴い，新興国経済の対外金融取引が米国実質金利の変動により依存的になった結果，経済のボラティリティが高まったのではないか」という仮説を立て，理論モデルを構築し分析を行った．本書の分析結果は，金融統合の進展とともに，自由な対外金融取引が可能となり対外債務残高が増える一方で，新興国経済が自由な対外金融取引が可能であるか否かが米国実質金利の変動により左右されることを示している．米国実質金利が低水準であれば，自由に対外金融取引を行うことができるが，ひとたび米国実質金利が上昇すると新規の海外借り入れが困難になり，対外債務返済のために消費が大きく落ち込む．こうした大幅な消費の落ち込みが，激しい消費の過剰変動の原因である，という結果を得た．これらの分析結果から，自由な対外金融取引による消費の平準化という金融統合の恩恵は存在する一方，新興国がその恩恵に預かれるか否かは，米国実質金利に依存することが示唆される．

# 謝辞

　本書を執筆するにあたり，数多くの方々からご指導・ご助言をいただいた．公益財団法人三菱経済研究所の丸森康史副理事長，杉浦純一常務理事，須藤達雄研究部長には日々の研究活動を支援していただき，折に触れていただいた激励の言葉は研究に邁進する原動力となった．杉浦常務理事には本書の草稿を何度も丁寧にご確認いただき，本書の完成に向けて大変ご尽力いただいた．また三菱経済研究所の研究員時代，参加させていただいた講演会を通じて見聞を広めることができ，自身の研究をより多角的に捉える良い契機となった．研究員時代を支えていただいた三菱経済研究所の皆様に，改めてお礼申し上げたい．

　本書の執筆活動は，自らの研究を顧みて整理する上で非常に有意義な経験であった．この貴重な機会を与えてくれた塩路悦朗教授（一橋大学大学院経済学研究科）に謝意を表したい．また私の指導教官である加納隆教授（一橋大学大学院経済学研究科）には，日頃の研究活動への指導に加え，本書の原稿を何度もご確認いただき，非常にきめ細かいご助言をいただいた．湯淺史朗研究員（一橋大学経済研究所）には本書の構成について，草稿段階から繰り返し相談させていただいた．この場を借りてお礼申し上げたい．最後に私事ではあるが，常に研究活動を応援し，困難な時も励まし支えてくれた家族と友人に感謝の意を表したい．

2023 年 2 月 28 日

山田春菜

# 目　　次

# 第1章 本書の概要と構成

## 1.1 本書の概要

### 1.1.1 本書の目的・分析内容

本書では，新興国における金融統合と「消費の過剰変動」の関係を理論的に分析する．従来の標準的なマクロ経済学理論では，金融統合の進展は，他国との資金の貸し借りを通じて，消費の平準化，つまり，その国に生じた経済変動（その国特有の所得ショック）による消費の変動を和らげることができると言われている．その結果，金融統合の進展にともない，消費の変動は GDP の変動よりも小さくなると考えられてきた．しかしながら，実証的には，新興国において消費の変動は GDP の変動よりも大きく，さらに，金融統合度が高まるほど，GDP の変動に対する消費の変動はより激しくなっていることが先行研究によって明らかにされている．この「GDP の変動に対して，消費の変動が大きいこと」は，消費の過剰変動と呼ばれている．

本書では，新興国の消費の時系列特性を議論しながら，なぜ新興国において金融統合度が高まるほど，消費の過剰変動がより激しくなるのかについて分析を行った Yamada (2022) の理論モデルと結果を紹介する．

本書が参照する Yamada (2022) の理論モデルの特徴は，海外からの資金の借り入れに上限が課されている状況を考えている点と，その対外債務上限が米国実質金利に強く負に依存している点である．このモデルにおいて海外にいる貸し手は，情報の非対称性にともなう債務不

履行の懸念から，事前に貸し出しを制限し，借り手はこの借入制約に直面している．さらに，この対外債務の上限は米国実質金利が上昇すると下がり，反対に米国実質金利が下がると，対外債務の上限が高まる．金融統合度は，この借入制約の厳しさを表す係数で規定されるが，米国実質金利や所得の変動が対外債務上限に与える影響度として解釈される．すなわち，金融統合の進展によって，より自由な対外金融取引が可能になる一方で，対外借り入れが可能かどうかはより国内外の経済的変動に左右されるようになることを仮定している．この仮定は，金融統合度が高まるほど，均衡において対外債務や消費も国内外の経済変動によって大きく変化することを理論的に意図している．

### 1.1.2 分析結果の概要

先行研究に倣い，1993 年第 1 四半期から 2008 年第 2 四半期までのアルゼンチンをサンプル国とし，前小節の理論モデルでカリブレーションを行った．その結果，本理論モデルはサンプル国の消費のボラティリティや消費の過剰変動を再現でき，また金融統合度が高まってより自由な対外取引が可能になるほど，消費の過剰変動が高まるという観測事実も再現できた．

本分析から示唆される「金融統合度が高まるほど，消費の過剰変動度も高まる」理論的メカニズムは，図 1.1 のように表される．

本モデルを用いた分析結果は，標準的なマクロ経済理論から予見される金融統合の効果が成り立つことを示唆している．すなわち，金融統合の進展は対外金融取引を通じて，消費の平準化を可能にする．図 1.1 上部の破線の経路では，金融統合の進展は，借入制約を緩めより自由な対外借り入れを可能にするため，消費の平準化を行うことができるようになり，結果として対外債務が増えることを示している．

一方で，本モデルの分析結果は，標準的なマクロ経済理論では考えられていなかった新たな経路の存在，金融統合の進展により，経済が米

図 1.1　分析結果から示唆されるメカニズムの概要

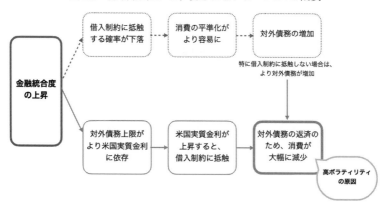

国実質金利の変動に対しより不安定になる経路を明らかにする．図 1.1 下部の実線が表すように，金融統合の進展によって，対外債務上限が米国実質金利により過敏に反応するようになり，借入制約に抵触するかどうかが米国実質金利の値によって決定されるようになる．米国実質金利が低水準であれば，自由な対外取引による消費の平準化が可能だが，ひとたび米国実質金利が上昇し，借入制約に抵触すると，新規の借り入れが制限されてしまう．その結果，米国実質金利が低水準で自由な対外金融取引が可能であった時期に積み増された対外借り入れを返済するために，消費を大幅に抑制しなければならなくなる．金融統合が進展し，自由な対外取引ができる機会が増えて対外債務残高が増すほどに，借入制約に抵触した際に返済がより困難になり，消費をさらに抑制しなければならなくなる．本モデルの分析結果は，こうした借入制約に抵触した際の消費の大幅な下落によって消費の過剰変動を生み出されることを示している．

# 1.2　本書の構成

本書の構成は以下の通りである.

## 第 2 章：新興国における金融統合と消費の過剰変動

理論モデルによる分析に入る前に，消費の過剰変動とは何かを説明し，新興国において消費の過剰変動が生じていることをデータを用いて示す．また，本書の主眼である「金融統合度が高まるほど，消費の過剰変動が高まる」ことをデータから示し，なぜそうした事象が経済理論的課題となるのかを説明する.

## 第 3 章：先行研究の紹介と本研究の特徴

第 3 章では金融統合による消費の過剰変動を説明する既存理論を概観したのち，既存研究と本研究の相違を明らかにする．その後本研究に関連する研究を紹介する.

## 第 4 章：米国実質金利に依存した借入制約付き小国開放経済モデル

第 4 章では，本書で分析する理論モデル (Yamada, 2022) を紹介する．本理論モデルは，借入制約付きの小国開放経済モデルであるが，その大きな特徴は借入制約の形状にある．本モデルでは，借入制約における対外負債残高の上限値が米国実質金利に強く負に依存していると仮定する．第 4 章の前半では，本書で考える借入制約を定義した上で，この借入制約の理論的解釈を説明し，他の借入制約との違いについて議論する．後半では理論モデル全体を定義する.

**第 5 章：分析結果**

　第 5 章の前半では，ベンチマークケースでの分析結果を説明する．ま
ず本書の目的である「金融統合度が高まると，消費の過剰変動度も高
まる」という事象が，本書の理論モデルによって描写できることを示
したのち，背後の理論メカニズムを精査することにより議論する．

**第 6 章：本書の結論と課題**

　本書の最後に，本書の結論と，本書の分析によって示唆される発展
的研究を説明する．

# 第 2 章　新興国における金融統合と 消費の過剰変動

　本章では，本書の主眼である「金融統合と消費の過剰変動の関係」について，先行研究の分析結果を紹介しながら説明する．まず 2.1 節で「消費の過剰変動」とは何かを説明し，マクロ経済学における重要な概念である消費の平準化との関係や，新興国における消費変動の特徴などについて概説する．その後 2.2 節で，基礎理論に基づく金融統合が消費の変動に与える効果と実証分析による結果を合わせて紹介する．

## 2.1　「消費の過剰変動」とは

### 2.1.1　新興国と消費の過剰変動

　「消費の過剰変動（excess consumption volatility）」とは，ある国の消費のボラティリティ（変動の程度）が GDP のボラティリティよりも相対的に高いこと，つまり，消費が GDP に対して過剰に変動していることを意味する．

　図 2.1 は，世界金融危機前の各国の 1 人あたり実質 GDP のボラティリティと消費のボラティリティの相関関係を描写する散布図である．丸点が先進国，三角点が新興国を表している．図中の斜め線は 45 度線であり，この線より上に点があれば，その国の消費のボラティリティは GDP のボラティリティよりも大きく，「消費の過剰変動」が生じていることを意味する．

　図 2.1 が示す通り，多くの新興国は 45 度線よりも上に位置しており，

図 2.1　GDP と消費のボラティリティ

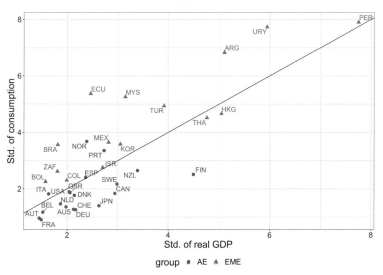

注　横軸は 1 人あたり実質 GDP の標準偏差，縦軸は消費の標準偏差であり，図中の斜
め線は 45 度線である．1 人あたり実質 GDP，消費は対数値・3 乗トレンドからの
乖離．サンプル期間の終わりは 2008 年第 2 四半期だが，開始時点は国により異な
る．データの詳細は付録 A を参照．

消費の過剰変動が起きていることがわかる．反対に，多くの先進国は
45 度線よりも下に位置しており，消費のボラティリティは GDP のそ
れよりも小さいことがわかる．

　さらにこの図から，新興国は先進国と比べて消費や GDP のボラティ
リティが高く，また国によってボラティリティの差が激しいことがわ
かる．こうした高いボラティリティや消費の過剰変動は，Aguiar and
Gopinath (2007) などによって示された新興国のビジネス・サイクルの
特徴である．次の小節では消費の過剰変動について，その後の小節で
は新興国の高いボラティリティについて詳しく述べる．

## 2.1.2　消費の過剰変動と消費の平準化

「消費の過剰変動」は，しばしば，「消費の平準化」が達成されていない証左として解釈される．マクロ経済学の基本的な理論では，家計の消費平準化行動の結果，予想していない一時的な所得の変動に対して，消費の変動は小さくなると示唆されている．そのため，消費の過剰変動が見られる新興国は，消費の平準化をしていない（もしくはできていない）のではないか，と考えられている．

「消費の平準化」は，ある国において，その国固有の所得ショックが一時的に生じた際に，海外と資金の貸し借りを行うことによって，国内経済に対するショックがあっても消費水準を一定に保つことができるという，家計の合理的意思決定と金融市場制度からの理論的帰結である．例えば，ある国が一時的に不況に陥ってしまった場合，他の国から借り入れをすることで，消費の水準を維持することができる．家計がこうした消費の水準を維持しようとする直観的理由としては，家計にとって，所得が一時的に増加した場合にすぐさま全て消費してしまうよりも，近い将来所得が元の水準に戻ることを見越して貯蓄をしておいた方が生涯全体の効用水準が高いことが挙げられる．身近な例を用いて説明すると，予期せぬボーナスが貰えて月の収入が一時的に増加した際に，一度にボーナスを全て使い切ってしまうよりも，いくらか残しておいて翌月以降も少し贅沢を楽しみつつ，元の消費水準に落ち着かせる方が満足度が高いためと言える．マクロ経済学の基本的な理論では，こうした消費の平準化行動の結果，GDP の変動に対して消費の変動は小さくなると言われている．

ここで強調すべき点は，以下の 3 つである．1 点目と 2 点目は消費の平準化が可能となるための前提条件を表し，3 点目は消費の平準化行動の結果，消費の変動が GDP の変動よりも小さくなるための条件である．

(i) 所得ショックが「その国に固有かつ一時的なショック（country-speci-
fic shock）」であること．

(ii) 国際金融市場を通じた，海外との自由な金融取引が可能であること．

(iii) 生じる国固有ショックの持続性が短く，一時的な変動しか起こさ
ないこと．

　1点目は，世界全体に影響を与えるようなショックの場合は消費の平準
化ができないことを意味している．外生ショックが影響力を持つ範囲に
着目すると，その国にしか影響しない固有のショック（country-specific
shock）と世界全体に共通で生じるショック（common shock）に分類で
きる[1]．例えば，地震などの災害は国固有のショック，世界金融危機の
ような広く全世界で生じたショックは世界共通ショックとして考えられ
る．後者のような世界共通ショックの場合は，消費を平準化できない．
もし，全世界が同時に負のショックに見舞われ，全ての国が「消費の
平準化」を行おうと他の国から借り入れをしようとしても，貸し手が
誰もいない．そのため，全世界に共通で起きたショックの場合は，消
費の平準化を行うことができない．

　2点目は，消費の平準化ができるのは，自由な対外金融取引が可能
な国のみであることを意味する．資本規制などで対外金融取引を制限
している国は，生じたショックがその国に特有のものであっても，海
外との貸し借りが制限されているために消費の平準化を行うことがで
きない．海外との自由な金融取引が可能であることが，消費の平準化
を行う必要条件である．

---

[1] 特に実証的文脈においては，「ある地域で共通して生じるショック（regional shock）」を
入れて3つに分けられることも多い（例えば Kose et al., 2008 など）．しかし，「自国」
と「海外」のみを考える小国開放経済モデルにおいては，自国のみに作用するショッ
クか，自国・海外ともに作用するショックかが重要であるため，当該国固有ショック
と世界共通ショックの2種類のみを考慮している．また，2国モデルの場合は，自国
で生じたショックが海外に波及することを考慮する場合もあるが，ここでは単純化の
ため，当該国固有ショックと世界共通ショックのみを挙げている．

　3 点目は，消費の平準化行動の結果，消費の変動が GDP の変動より
も小さくなるための条件である．GDP の変動よりも消費の変動が小さ
くなるためには，生じる国固有ショックの持続性が短く，一時的な変
動しか起こさないことが必要だ．恒常所得仮説に基づくと，持続性の
高い正の所得ショックが生じた場合，恒常所得が増加し，家計は借り
入れを増やし，今期の所得の増加よりも今期の消費を大きく増加させ
る．身近な例としては，予想外のボーナスがもらえて一時的に所得が
増加した場合が一時的な所得ショック，昇進して毎月の給与が増えた場
合が持続的な所得ショックとして考えられる．前者の場合は，先に述
べたとおり，ボーナスを受け取った月に少し贅沢をしたとしても全て
ひと月で使い切ることはせず，翌月から生じる元の所得水準への回帰
を見越していくらか貯金をすることが予見される．結果として，マク
ロ経済学における家計の最適行動としては，ボーナスが貰えた月の消
費の増加は，ボーナスの額（所得の増加分）よりも小さくなることが
示唆される[2]．一方，後者の場合は，毎月の給与の増額により生涯受け
取る所得も大きく増加することになるため，生活水準を上げて品質の
良い食品や衣服を買うようになったり，ローンを組んで住宅や車を購
入することもあるだろう．その結果，ある月の消費（住宅や車の購入
を含む）は昇進による月給の増加分よりも大きく増えることが示唆さ
れる．このように，所得ショックが恒常所得をあまり変えない一時的
なものか，恒常所得を大きく変えるほど持続的なものかで，所得の変
動以上に消費が変動するか否かが異なる．こうした恒常所得仮説に基
づく議論からは，一国の消費の変動が GDP の変動よりも小さくなるた
めには，所得ショックが一時的なものである必要があると言える．

---

[2] 今期の消費に対して，将来の消費をどれだけ重視するかという主観的割引ファクター
の値にも依存する．もし仮に将来のことを全く考えておらず，今期の消費の充実しか
考えない家計であれば，ボーナスを全て使い切るだろう．

### 2.1.3　新興国の高いボラティリティと危機

すでに図 2.1 を用いて，新興国において消費の過剰変動が生じていることのほかに，新興国では消費や GDP のボラティリティ自体が高いことを指摘した．こうした新興国の高いボラティリティは何によって生じているのだろうか．先行研究 (García-Cicco et al., 2010 他) において新興国の代表国としてしばしば分析対象とされるアルゼンチンを例に考察する．

図 2.2 は，アルゼンチンにおける実質 GDP と消費（ともに 3 乗トレンドからの乖離）の時系列をプロットしている．実線は消費データ，点線は実質 GDP のデータであり，それぞれの平均値からの乖離を描画している．サンプル期間は 1991 年第 1 四半期から 2008 年第 2 四半期までである．

図 2.2 からは，GDP や消費の変動は平均値（図中 $y = 0$ 線）を境に上下に対称となっているのではなく，時折大きく平均から下がっていることがわかる．それゆえ消費の高いボラティリティは，時折生じる消費の大きな落ち込みに起因していると言える．

これら大きな下落は，アルゼンチンの経済危機を反映している．図中 A で示した実質 GDP・消費の大きな落ち込みは，1994 年 12 月にメキシコで生じた通貨危機の波及により生じた危機であり (Kamin, 1999)，図中 B での落ち込みは 1998 年から 2002 年にかけて生じた経済危機によるものである (Nataraj and Sahoo, 2003; Kehoe, 2007)[3]．後者の危機では，2001 年 12 月に大規模なデフォルトが生じている．

図 2.2 をもとに「消費の過剰変動」についても議論すると，サンプル期間の大半において，GDP の変動よりも消費の変動が大きいことがわかる．消費の過剰変動の有無は GDP の変動の符号に依存しておらず，GDP が平均を上回る時期では消費は GDP よりも上昇し，GDP が下落

---

[3] 図中の実質 GDP と消費の時系列は 3 乗トレンドからの乖離であるため，図中の落ち込み時期と実際の経済危機の時期にずれが生じている．

図 2.2　アルゼンチンにおける実質 GDP・総消費

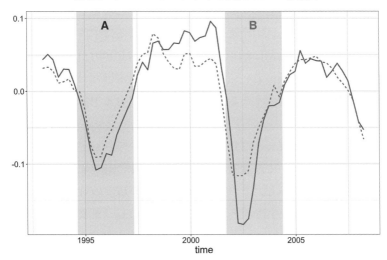

variable — Consumption -- Real GDP

注　1991 年第 1 四半期から 2008 年第 2 四半期までのアルゼンチンにおける総消費（実線）と実質 GDP（点線）．総消費，実質 GDP ともに対数値・3 乗トレンドからの乖離である．データの詳細は付録 A を参照．

する時期には消費は GDP よりもさらに大きく下落している．

　消費の過剰変動は，特に 1998 年ごろから 2004 年ごろにかけて顕著である．前述の通り，この期間はアルゼンチンで金融危機が生じていることから，経済に大きな影響を与えるショックに対し，何らかの理由で消費が GDP よりも反応していると考えられる．

## 2.2　金融統合は消費のボラティリティを低下させるか？

　前節では，消費の平準化の必要条件として，「海外との自由な金融取引」を挙げた．この観点に基づくと，国際的な金融統合の進展，例え

ば対外金融取引に関する制限の撤廃などは，国境を超えた金融取引を可能にし，家計は消費の平準化をより行いやすくなるだろう．先行研究においても，ある国の金融統合の程度が高まるほど消費の変動は小さくなることが理論的に示されている (Mendoza, 1991, 1994)．しかし実証的には，新興国において金融統合度が高まるほど，かえって消費の過剰変動がより激しくなることが指摘されている (Kose et al., 2003; Prasad et al., 2003b).

　本節では，金融統合と消費の過剰変動について議論する．まず次小節で先行研究において理論的に予見された消費の過剰変動に対する金融統合の効果を紹介し，その後に理論的予見が現実の新興国においても成立しているか，実際のデータと先行研究に基づき議論する．

### 2.2.1　先行研究での理論的見解

　Mendoza (1991, 1994) は，小国開放経済リアル・ビジネス・サイクル（SOE-RBC）モデルを用いて金融統合の進展（資本移動の自由化）が経済に与える影響を理論的に描写した．資本移動に制限が課せられている経済では，対外純債務の変動幅が外生的な定数で制限されていると仮定し，そうした制限なしに最適な水準で対外貸借が可能な経済との比較を行った．その結果，対外純債務の制限が緩む（金融統合が進む）ほど，消費のボラティリティはわずかではあるものの低下することを示した．

　2.1.2 節において，消費の平準化が可能であるためには，自由な資本移動のほかに外生ショックの性質も重要であることを述べた．外生ショックの性質に焦点を当てた上で，金融統合が消費の変動に与える影響を考察したのが Baxter and Crucini (1995) である[4]. Baxter and Crucini (1995) では，2 国モデルを用い，生産性ショックが一時的か持続的か，また国を超えた波及効果の有無によって，資本移動の自由化が経済に与える効果は異なると示した．生産性ショックが一時的かつ迅速に国

外に波及していく場合，資本移動が制限されている経済と自由な経済
で，経済変数のモーメント（平均や分散，相関など）に大きな違いは
見られない．GDP のボラティリティに対する消費のボラティリティを
見ると，資本移動が自由な場合は 0.48，制限がある場合では 0.49 と，
両経済の間に差はほとんどない．しかし，生産性ショックが持続的で
国外に波及しない場合では，同ボラティリティ比は自由な資本移動下
では 0.4 であったのに対し，制限下では 1.05 と，資本移動が自由な経
済のもとで大幅に低下することが示された．

　これらの先行研究において，消費のボラティリティが小さくなるの
は，金融統合の進展により国際的な貸借が可能になった結果，国固有
の所得ショックの影響を平準化することができるようになるためであ
る．しかし，Mendoza (1991, 1994) および Baxter and Crucini (1995) の
いずれの分析においても，金融統合の進展による消費のボラティリティ
の低下はわずかであることが指摘されている．

　ただし，変化の方向だけを見る限りにおいて，これらすべての先行
研究で資本移動の自由化によって消費のボラティリティは「低下する」
という結果が得られていることは重要である．これらの先行研究にお
けるカリブレーションの結果において（さまざまなパラメータの変化
を伴う追加的な分析も含めて），資本移動の自由化によって消費のボ
ラティリティが「増える」ことは起きていない．

---

4　Razin and Rose (1992) も 2 期間モデルを念頭に，外生ショックが「一時的／持続的な
　場合」，「国固有のもの／世界共通のものの場合」を想定し，同様の議論を展開してい
　る．ただし，彼らの主眼は詳細な理論モデルを組み立ててシミュレーションを行うこ
　とにはなく，金融統合の進展が必ずしも消費のボラティリティを低下させるわけでは
　ないことを議論した上で，実証分析によって金融統合の進展による消費のボラティリ
　ティの変化を確認している．

*16*

### 2.2.2  金融統合と消費の過剰変動の実証的関係

　前小節では，理論的観点に基づくと，金融統合の進展は消費のボラティリティを減らす（少なくとも，増えはしない）ことが推察されると述べた．しかし実際のデータからは，金融統合の度合いが高まるほど，消費の過剰変動の度合いがむしろ増えることが明らかになっている (Kose et al., 2003; Prasad et al., 2003b)．

　表 2.1 は，金融統合の度合いの指標の 1 つである，対外総資本フローが GDP に占める割合の平均と，1 人あたり実質 GDP と消費の平均とボラティリティを年代別に計算したものである．

　表 2.1 からは，先進国，新興国ともに，年代を重ねるごとに対外総資本フローは増えていることから，世界的な金融統合の進展が伺える．表 2.1 において，先進国と新興国で傾向が異なるのは，GDP のボラティリティに対する消費のボラティリティである．先進国では，年代を問わず消費のボラティリティは GDP のそれより小さく，あまり変動していない．一方新興国では，どの年代でも，GDP のボラティリティに対する消費のボラティリティの比は 1 を超えており，また年代が進むほどより同比は高くなっている．つまりこの表からは，新興国では，金融統合の進展にもかかわらず，消費の過剰変動の度合いがむしろ高くなっていることが示唆される．これは，標準的な理論では説明できない事象である．

　さらに Kose et al. (2003) は，ある水準までの金融統合度の進展は消費の過剰変動をより激しくし，ある水準を超えると消費の過剰変動を和らげることを明らかにした．つまり金融統合度と消費の過剰変動の関係は非線形であり，先進国のように金融統合の水準が非常に高い場合は，消費の過剰変動は生じず，新興国にようにまだ金融統合が不十分であれば消費の過剰変動が激しいと考えられる．

## 表 2.1　対外総資本フローと実質 GDP，消費の年代別傾向

|  | 全期間 | 1980 年代 | 1990 年代 | 2000 年代 |
|---|---|---|---|---|
| **対 GDP 比対外総フロー 平均値** | | | | |
| 先進国平均 | 2.59 | 1.23 | 2.02 | 4.46 |
|  | (1.55) | (0.83) | (1.16) | (2.95) |
| 新興国平均 | 1.67 | 0.88 | 1.19 | 2.01 |
|  | (1.78) | (0.44) | (0.77) | (2.28) |
| **実質 GDP 平均値** | | | | |
| 先進国平均 | 4.15 | 4.14 | 4.13 | 4.15 |
|  | (0.11) | (0.1) | (0.1) | (0.11) |
| 新興国平均 | 4.24 | 4.09 | 4.25 | 4.24 |
|  | (0.37) | (0.53) | (0.36) | (0.37) |
| **実質 GDP 標準偏差（%）** | | | | |
| 先進国平均 | 2.53 | 2.33 | 2.41 | 2.08 |
|  | (0.88) | (0.71) | (0.94) | (0.82) |
| 新興国平均 | 3.39 | 4.02 | 3.65 | 2.85 |
|  | (1.80) | (2.36) | (2.12) | (1.73) |
| **消費 平均値** | | | | |
| 先進国平均 | 3.88 | 3.85 | 3.85 | 3.88 |
|  | (0.16) | (0.12) | (0.12) | (0.16) |
| 新興国平均 | 3.99 | 3.80 | 3.99 | 3.98 |
|  | (0.40) | (0.53) | (0.40) | (0.40) |
| **消費 標準偏差（%）** | | | | |
| 先進国平均 | 1.99 | 1.86 | 2.00 | 1.7 |
|  | (0.80) | (0.88) | (0.89) | (0.83) |
| 新興国平均 | 4.21 | 4.69 | 4.37 | 3.53 |
|  | (1.87) | (2.62) | (2.17) | (2.04) |
| **GDP の標準偏差に対する消費の標準偏差** | | | | |
| 先進国平均 | 0.80 | 0.81 | 0.83 | 0.90 |
|  | (0.26) | (0.29) | (0.24) | (0.61) |
| 新興国平均 | 1.34 | 1.28 | 1.30 | 1.39 |
|  | (0.37) | (0.46) | (0.47) | (0.63) |

注　対外総資本フローは年次データであり，対外総資産と対外総負債の合計として計算した．括弧内は標準誤差を表している．1 人あたり実質 GDP，消費は四半期データで，対数値・3 乗トレンドからの乖離．サンプル期間の終わりは 2009 年第 4 四半期だが，開始時点は国により異なる．データの詳細は付録 A を参照．

### 2.2.3 「金融統合度」の測定

前小節のように実証的に金融統合と消費の過剰変動の関係を分析しようとすると，まず「金融統合の程度」をどう測定するかという困難に直面する．前小節の分析では，金融統合度の指標として GDP に占める対外総資本フローを用いたが，ほかにも金融統合度として使われる指標はあり，それぞれ長所や短所を抱える．ここで，先行研究においてどのように金融統合の度合いを測定してきたかを整理したい．

Prasad et al. (2003a) によると，金融統合（financial integration）とは，ある国が国際資本市場と結びついていることを指す．国境を超えた資本取引を自由に行うことができ，こうした取引が日々活発に行われている国は，金融統合が進んだ国の典型である．

ある国の金融統合の度合いを測定するにあたっては，「自由な国際資本取引が可能であるか」と「国際資本取引が活発に行われているか」の 2 つの判断軸が存在する (Prasad et al., 2003a; International Monetary Fund, 2001)．前者は「国際資本取引に関する規制の量」，後者は「実際に行われた国際資本取引量」によって判断するものである．

### 国際資本取引に関する規制の有無による測定

一つ目の手法は，自由な国際資本取引が可能であるかを規制の有無によって判断し，金融統合度を測るというものである．この際規制の情報として主に参照されるのは，IMF から毎年刊行されている "Annual Report on Exchange Arrangements and Exchange Restrictions" (AREAER) である[5]．各国の公的機関から報告された為替制度や，国際資本取引・貿易などに関する様々な規制の有無が掲載されている．

国際資本規制の内容は多岐にわたる．最新の AREAER（2020 年）に

---

[5] 資本規制に関する代表的なデータである Chinn and Ito (2006) も AREAER を用いて作られている．そのほかの規制指標については，International Monetary Fund (2001) 第 4 章 Box.4.1 を参照．

おいて挙げられているのは，取引に際して監督当局への通知・承認が必要であることや（居住者・非居住者間の）差別的税，二重・多重為替相場制，監督当局が非居住者に課す積立要件や金利ペナルティなどである．

　こうした AREAER 等の資本規制の情報を用いた測定法の欠点は，規制があるかないかの 2 択でしか判断できず，規制の強さを測ることができないことである．さらに，前述の通り「資本規制」と言っても様々な種類があるが，細かな規制の種類による違いを反映することも難しい．規制の有無を金融統合の指標とした場合，異なる国や時代による金融統合の "程度" の違いについて議論することが困難になる．

　また，毎年の規制の有無の推移で金融統合度の変化を見る際は，一時的な政策による規制の追加が金融統合度の低下として反映されることにも注意が必要である．ある国の「金融統合度が低い」と言う際，国際資本取引の遂行に係る金融システムの構築が未発達といった，国の構造的な状態に関するイメージを抱くと思われる．しかしながらこの金融統合度の測定法では，危機対応などによる一時的な制限の追加であっても，その制限が課されている間の金融統合度は低下する．新興国・途上国ではしばしば危機時に，海外資本が流出しさらなる資金不足や債務不履行が生じるのを避けるため，一時的に国際資本取引に制限を課すことがある．短期的な制限であっても，こうした政策がとられている間，その国の金融統合度は低下することになる．

### 国際資本取引量による測定

　前述の規制の有無は法律上の（*de jure*）金融統合の指標であるのに対し，国際資本取引量は事実上の（*de facto*）指標である．国際資本取引量に関する代表的なデータは Lane and Milesi-Ferretti (2017) であり，GDP に対する対外総資本フロー（対外総資産と対外総負債の和）の割合が金融統合度として用いられている．本書の金融統合度もこの指標

を使用している．定量データである対外総資本フローを用いれば，国や時代による金融統合の度合いの変化を測ることができる．

GDP に対する対外総資本フローが大きければ，資本規制も少ないと考えられるかもしれない．しかし，新興国・途上国においては，規制の少なさと対外資本フローの量は必ずしも関係しない．Kose and Prasad (2012) によると，ラテンアメリカ諸国は 1970 年代から 80 年代の危機時に多くの資本規制を課し，資金流出を防ごうとしたが，防ぎきれずに巨額の資金流出が生じ，GDP に対する総資本フローも大きく増加した．一方で，アフリカなどの途上国の多くは目立った資本規制がないにも関わらず，取引量は少ないという．

また当然ながら，国際資本取引量は規制の有無のみならず，当該国や地域，あるいは世界の経済情勢や政策など様々な要因によって左右される．そのため，資本取引の量が増えているからといって，必ずしも規制が緩まり，資本取引の自由化や金融統合が促進されているとは言えない．しかしながら資本取引量による測定法は，Lane and Milesi-Ferretti によるデータセットが 2003 年に公開されて以降，前述の規制の有無による測定よりも用いられることが多く，金融統合の進展によるマクロ経済効果を幅広く分析した Prasad et al. (2003a) や金融統合度と消費の過剰変動について分析した Kose et al. (2003) をはじめ，多くの実証研究において使用されている．

# 第 3 章　先行研究の紹介と本研究の特徴

　前章で述べた通り，新興国では金融統合度が高まるほど消費の過剰
変動が激しさを増すことが実証的に示されている．本書では，なぜそ
うした観察事実が生じるのか理論的な説明を試みる．

　本書以前にも，この問いに理論的に接近した先行研究は存在する．本
章ではこうした先行研究と本研究の違いを述べ，関連研究の紹介を行
う．3.1 節では金融統合と消費の過剰変動を説明する既存理論を紹介し，
その後 3.2 節で既存研究と本研究の違いを説明する．

## 3.1　金融統合の進展に伴う消費の過剰変動の高まりを説明する既存理論の概略

### 3.1.1　金融統合の描写の違いによる既存理論の分類

　金融統合の進展に伴う消費の過剰変動度の高まりを説明する既存理
論は，「金融の進展」をどう理論モデル上で定めているかによって大き
く 2 つに分類できる．1 つは金融統合の進展を「国際金融市場にアク
セス不可能であった経済が，アクセス可能になること」とし，分析を
行っている先行研究群である (Levchenko, 2005; Leblebiciouglu, 2009;
Bhattacharya and Patnaik, 2016; Evans and Hnatkovska, 2007, 2014)．こ
れらの研究では，閉鎖経済と開放経済を比較することで金融統合の効
果を議論している．ひとたび国際金融市場にアクセス可能になれば，完
全に自由に国際資本取引を行うことができ，最適な水準での対外貸借
が可能であると仮定されている．

　もう1つは金融統合の進展を「国際資本取引にかかる摩擦が和らぐこと」として分析した先行研究群であり (Pancaro, 2010; Faia, 2011)，本書もこの研究群に属する．「摩擦」とは最適な水準での取引を妨げる要因全般を意味する．これら先行研究では，国際金融市場へアクセスできるかどうかというよりも，ある国が国際金融市場で直面する摩擦がどれだけ強い・弱いかが着目されている．ある国の金融統合の進展により，国際資本取引にかかる摩擦を減らし，最適な水準での対外貸借がより可能になっていく様を理論モデル上で描写し，摩擦が強い経済と弱まった経済を比較している．

　前者の研究群は，金融統合の効果のうち閉鎖経済から開放経済への移行という市場開放による効果を分析していると見なすことができる．後者の研究群は，市場開放をしても必ずしも最適な水準での取引が自由に行えるとは限らないことに焦点を当てている．最適な水準での取引が可能であれば先進国のように経済のボラティリティは低下し，消費の過剰変動は生じないはずであるという想定のもと，新興国において最適な水準での取引を妨げている摩擦を探るものである．

### 3.1.2　国際資本取引における摩擦

　最適な水準での国際資本取引を妨げている摩擦の候補として，貸し手と借り手の間に存在する情報の非対称性と国際金融市場における返済強制力の欠如が挙げられる．国内外問わず，貸借には常に情報の非対称性がつきものである．貸し手は借り手の本当の返済能力や信用力を知ることができない．借り手は返済が困難だと知っていながらも，生活のためにお金を借りようとしているのかもしれないし，はたまた，返せるお金があっても端からお金を騙し取ろうとしているのかもしれない．国際的な貸借では，情報の非対称度はより強くなると思われる．遥か遠くの外国にいる借り手の経済状態（借り手が住む国の経済状態にも左右される）や返済に対する責任感（一般に文化や環境の影響を受

けうる）を判断することは困難だろう．さらに，貸し手の監視の目が
届きにくい外国では，返済をせずに逃亡することも難しくないだろう．

　また，海外貸借取引では，法律による返済の強制が確実には見込め
ず，債務不履行時の貸し手への補償も不透明であることが指摘されて
いる．国内での貸借であれば，原則として，借り手が契約通りに返済を
行わなかった際には法律によって債務の履行を強制させられることにな
る．一方で，国際的な貸借においては，国内法のように強制力のある手
段がない．国際金融市場を通じた海外との貸借取引においては，法律に
よる返済の強制や債務不履行時の補償が見込めない．これは，国際金融
市場に特有の課題であり，返済強制力の欠如問題（limited enforcement
problem）として知られている (Eaton and Gersovitz, 1981).

　こうした摩擦は，国外の貸し手への積極的な情報公開の義務化や，債
務不履行時の補償を担う保険サービスの充実化などの金融制度改革・
金融市場の発達によって緩和されると考えられる．金融統合はこうし
た金融改革を伴うことが指摘されており (Boileau and Zheng, 2021)，金
融統合度の高い国ではこうした摩擦が低下していると考えられる．

### 3.1.3　金融統合による国際資本取引の摩擦の低下に着目した先行研究の紹介

　金融統合の進展による国際資本取引の摩擦の低下が経済に与える影
響を分析した Pancaro (2010) と Faia (2011) では，摩擦の減少を「借入
制約」の緩和として理論モデルで描写している．借入制約とは上記の
ような情報の非対称性などを理由に，貸し手が事前に貸し出し量に制
限を設け，借り入れ（対外純債務量）に上限が課されていることを意
味する．Pancaro (2010) と Faia (2011) では，対外借り入れの上限が利
子率で割り引いた所得ないし資本のある一定割合（すなわち担保価値）
であるという Kiyotaki and Moore (1997) 型の制約を考えている[6].

---

[6] Pancaro (2010) は資本，Faia (2011) は貿易可能財を担保にした制約を考えている．

　こうした借入制約によって対外純債務量に上限が課されている経済を考えたモデルの特徴は，借入制約のない標準的なモデルと比べて，外生ショックが内生変数に与える影響が増幅される点である．例えば，借入制約のない標準的な SOE-RBC モデルで持続的な正の生産性ショックが生じた場合では，生産を増やすための借り入れが迅速に行われ，また 2.1.2 節で述べたように，恒常所得の増加によって今期の消費が今期の所得の増加以上に増える．借入制約のあるモデルでは，生産を増やすために必要な借り入れをするには，担保である資本がなければならない．資本の需要増加は資本の価格を上昇させ，資本の価格上昇は資本の担保価値を高める．すると，担保価値で決まる債務上限値が高まって借入制約が緩まり，さらなる対外借り入れが可能になる．その結果，生産量のさらなる増加につながり，家計の恒常所得もさらに増える．恒常所得のさらなる増加により，借入制約のないモデルよりも消費がより大きく増加する．

　Pancaro (2010) と Faia (2011) はこうした借入制約入りモデルのショックの増幅効果を基礎に，金融統合の進展による対外債務上限値の上昇による消費のボラティリティの増加を描写している．金融統合が進み，対外債務上限値が上がると，借入制約はより緩まり，持続的な生産性ショックに対して消費がより大きく反応できるようになる．結果として金融統合の進展によって消費のボラティリティが高まることが示唆されている．

　本書が参照する Yamada (2022) は，Pancaro (2010)，Faia (2011) と同様に，ショックの増幅効果を意図して借入制約入りモデルを用い，借入制約の緩和による消費のボラティリティへの影響を分析している．しかし，本モデルが提唱するメカニズムはこれらの先行研究と異なるものであり，既存のモデルにはない特徴を有する．本モデルの特徴について次節で詳しく述べる．

# 3.2　本研究の特徴

　本書では第 4 章と第 5 章において，なぜ新興国において金融統合の進展により消費の過剰変動が激しくなるのかについて理論的分析を行った Yamada (2022) の理論モデルと結果を紹介する．前節で紹介した金融統合と消費の過剰変動を説明する既存理論と比べて，Yamada (2022) の理論モデルは以下の 2 つの特徴を持つ．

**特徴 1.** データ上で観測されている，時折正じる消費の大きな落ち込み（危機）を再現できる．

**特徴 2.** 消費の過剰変動の発生を米国実質金利ショックにより説明している．

　前章で示した通り，サンプル国のアルゼンチンの消費は上下に対称的に変動しているわけではなく，時折生じる危機時に大きく落ち込む特徴を持つ．先に挙げた先行研究すべてにおいて，こうした消費の変動の非対称性を再現できていない．言い換えると，先行研究のモデルでは対称的な消費の変動しか生み出せない．その理由を 3.2.1 節で説明する．特徴の 2 つ目として，世界共通ショックの 1 つである米国実質金利ショックが新興国経済に与える影響に着目している点が挙げられる．こうした点の根拠となる先行研究を 3.2.2 節で紹介する．

### 3.2.1　消費変動の非対称性

　先に述べた通り，本研究も先行研究と同様に借入制約付きの SOE モデルを用いて分析を行う．先行研究と本研究の違いは，先行研究では「"常に"借入制約に抵触している経済」を考えているのに対し，本研究は「経済情勢によって"時折"借入制約に抵触してしまう経済」を

考えている点である.

　前者では，対外純債務量は常に上限値に等しく，望んだ分の借り入れを行うことはできない．対外債務上限値は所得や資本の関数であるため，外生ショックの発生によって所得や資本が変動すれば，債務上限値も変動し，借入量も変化する．これら内生変数の変化は，外生ショックの符号に対して対称的である．つまり，その経済にとって良いショック（正の所得ショックや生産性ショック）に対しての内生変数の反応と，負のショックに対する反応が一致しており，異なるのは反応の符号だけである.

　後者では，その経済が望む対外純債務量が上限値に満たない場合は借入制約に抵触せず，海外から望んだ分だけ資金を借りることができる．常に借入制約に抵触しているわけではなく，経済状況に応じて，制約に抵触したりしなかったりを繰り返す．第 4 章で紹介する本書のモデルを例に説明しよう．このモデルでは，対外債務上限値は所得に依存し，所得が増えるほど上限値も大きくなると仮定している．家計の所得は外生的に決まるとし，所得ショックによって一時的な所得の増減が生じる．家計にとっての貯蓄手段は海外への貸し出しのみとする．負の所得ショックにより所得が減少した場合，家計は消費を平準化するために，海外から借り入れを行おうとする．しかし同時に所得の減少に伴い対外債務上限値も減少する．家計が望む対外純債務量が上限を超えてしまうと，借入制約に抵触し，消費の平準化のために十分な借り入れを行うことができなくなる．そのため消費は大きく減少する．一方で，正の所得ショックが生じた場合，債務上限値は上がり，借入制約が緩まる．また，家計は増えた所得の一部を海外へ貸し出し，負の所得ショックに備えようとする．そのため，家計にとっての最適な対外債務量が減り，借入制約に抵触しにくくなる．借入制約に抵触しない場合，家計は自由に債務量を選べるため，消費の平準化が可能となり，大幅な消費の変動は生じない．このように，経済状況に応じて時

折借入制約に抵触するようなモデルでは，外生ショックの符号により，内生変数の反応が異なるという非対称性を描写することができる．そのため，「正の所得ショックであれば消費の大きな変動は生じず，負の所得ショックが生じ借入制約に抵触すると消費は大きく減少する」という消費の非対称な変動を得ることができる[7]．

　借入制約に抵触するかどうかが内生的に決定される SOE モデルを用いて新興国経済を分析した代表的な先行研究として，Mendoza (2010) や Bianchi (2011) が挙げられる．Mendoza (2010) は新興国でしばしば生じる対外債務危機（sudden stop）を，Kiyotaki-Moore 型の担保制約と運転資本制約を導入した SOE-RBC モデルを用いて描写した[8]．Bianchi (2011) では，新興国における対外債務の過剰な積み増し（over-borrowing）に焦点を当てている．彼は貿易財と非貿易財を持つ SOE モデルに借入制約を導入し，集権化された経済と分権化された経済を比較することで，後者の経済ではより対外債務量が大きくなることを明らかにした[9]．この結果は，家計の対外借り入れに借入制約が課されているもとで家計が取る最適な行動が，一国全体から見ると過剰な対外債務を生み出しており，対外債務危機を引き起こしやすくなっている

---

[7] 通常のビジネスサイクルモデルでも，大きなショックが起きた場合は一時的な経済変数の落ち込みが生じ，「危機」のような動きを出すことは可能である．しかし標準的なモデルと時折抵触する借入制約を導入したモデルには 2 つの違いがある．1 つ目として，標準的なモデルでは，正規分布に従う外生ショックを仮定している限り長期的には実現した外生ショックの分布に歪みが出ず，経済変数の変動も外生ショックの符号による差は生じないことが挙げられる．一方，時折抵触する借入制約を導入したモデルでは，外生ショックの符号によって経済変数の反応が異なるため，外生ショックが正規分布に従うもとであっても長期的に経済変数の動きに非対称性が出る．こうした非対称な反応と経済変数の歪みについては，5.3 節を参照されたい．2 つ目として，標準的なモデルでは，経済変数の変動の大きさは外生ショックの大きさに依存し，大きな消費の落ち込みが生じるためにはそれだけ大きな外生ショックが起こる必要がある点が挙げられる．3.1.3 節でも述べたように，借入制約入りのモデルでは外生ショックの増幅効果により，例え小さな外生ショックであっても経済に対して大きな影響を与えうる．

[8] 運転資本制約とは，企業は生産に必要な賃金などの運転資金を借り入れによって事前に調達しなければならないという制約である．

ことを示唆している.

### 3.2.2 世界共通ショック, 米国実質金利の重要性

先進国, 新興国問わず, 世界共通ショックがビジネス・サイクルに
多大な影響を与えていることは, 非常に多くの先行研究で指摘されて
いる. また, グローバル化や金融統合の進展によって, こうした世界
共通ショックの影響が増しているのではないか, という指摘もなされ
ている. 例えば, Kose et al. (2008) は, 世界共通因子 (common factor)
によって G7 におけるボラティリティの大半が説明されること, さら
に世界共通因子の影響力はグローバル化が進展する 1980 年代後半以降
に増していることを示した.

加えて新興国において, 世界共通ショック, あるいはその 1 つであ
る米国金利の重要性を示唆する先行研究も数多く存在する. 例えば,
Uribe and Yue (2006) は, 新興国のビジネス・サイクルの約 20％が米
国実質金利の変動によって説明されることを明らかにした. Mendoza
(2010) においても, 理論モデルによる分析の結果から, 世界共通ショッ
クによって新興国における対外債務危機 (sudden stop) が生じうるこ
と, またそうした危機が他国に伝播しうることを示唆している. また,
Hoek et al. (2022) は, 米国の好景気に伴う米国金利の上昇は新興国経
済に良い影響を与える一方, 米国金融政策によって生じる米国金利の
上昇は新興国経済に悪影響をもたらすことを実証分析によって示した.

このような先行研究をもとに,「新興国に対する米国金利の影響力が,
金融統合の進展によって強くなるのではないか」と推察し, そうした
事象を描写できる理論モデルの構築を行ったのが Yamada (2022) であ
る. 3.1.2 節で紹介した金融統合と消費の過剰変動を説明する理論モデ
ル (Pancaro, 2010; Faia, 2011) は, いずれも国固有ショック (持続的な生

---

9 Bianchi (2011) は, 家計の対外債務が国全体の生産額 (貿易財の生産額と非貿易財の
生産額の和) の一定割合以下に制限されるという借入制約を考えている.

産性ショック）しか考慮しておらず，世界経済情勢を反映する世界共通ショックや米国実質金利ショックによる影響を議論していない．Yamada (2022) では，国固有の一時的な所得ショックと米国実質金利ショックの両方を考慮し，金融統合の進展によって借入制約が緩まる中でこれらのショックの影響がどう変化するのかを議論している．理論モデルの詳細は次章で説明する．

# 第 4 章　米国実質金利に依存した借入制約付き小国開放経済モデル

　本章では，本書の分析モデル (Yamada, 2022) を提示する．まず 4.1 節で，本モデルの特徴である「米国実質金利に依存した借入制約」について説明する．続く 4.2 節で同制約付き小国開放経済モデルを定義し，本モデルにおいてどのように米国実質金利が消費に対し影響しうるのか議論する．

## 4.1　米国実質金利に依存した借入制約

　本節では，本モデルの特徴である「米国実質金利に依存した借入制約」について説明する．4.1.1 節で同制約を定義し，4.1.2 節で同制約を考えることの理論的背景を議論する．4.1.3 節では，同制約が先行研究で考えられているような借入制約とどう異なるのかについて説明する．

### 4.1.1　「米国実質金利に依存した借入制約」とは

　本モデルの特徴は，「対外債務の上限値が，米国実質金利に強く依存している」借入制約を考慮した点である．この借入制約を，本書では「米国実質金利に依存した借入制約」と呼ぶ．同制約では，両者は負の関係にあり，米国実質金利が上昇すると対外債務の制限が厳しくなり，反対に米国実質金利が下落すれば制限が緩まる．こうした米国実質金利と対外債務上限の負の依存関係は，他の種類の借入制約においても

広く仮定されているが，本書が用いる借入制約はより強く米国実質金利の変動の効果が現れる点が特徴である．この点は 4.1.3 節で詳しく説明する．

「米国実質金利に依存した借入制約」は，以下の通りである．

$$b_{t+1} \leq \max\{\bar{b}, \mu_t\}, \ \mu_t = \frac{\tau}{r_t} E_t y_{t+1}, \tag{4.1.1}$$

$b_{t+1}$ は $t+1$ 期の対外債務残高，$\bar{b}$ は最低債務上限（定数），$\mu_t$ は時変的な対外債務上限値，$\tau \geq 0$ は借入制約の度合いを表すパラメーター，$r_t$ は米国実質利子率，$E_t y_{t+1}$ は次期の所得の期待値である．

借入制約式 (4.1.1) は，家計が今期に借り入れる対外債務 $b_{t+1}$ が，$\bar{b}$ か $\mu_t$ のどちらか大きい水準以下でなければならないことを意味する[10]．もし家計にとって最適な対外債務水準 $b_{t+1}^*$ が，$\bar{b}$ もしくは $\mu_t$ を超える場合，対外債務は最適でない水準に制限されてしまう．他方で，もしも $b_{t+1}^*$ が上限値よりも下であった場合は，対外債務に関する制限を受けない．本書では，前者の場合を「借入制約に抵触する」，後者の場合を「借入制約に抵触しない」と表現する[11]．

時変的な対外債務上限値 $\mu_t$ は，期待所得 $E_t y_{t+1}$ と米国実質利子率 $r_t$ に依存して決定される．$\mu_t$ は，$E_t y_{t+1}$ と正の関係にあり，期待所得の増加（減少）は，借入制約をより緩める（厳しくする）．一方，$\mu_t$ と $r_t$ は負の関係にあり，米国実質金利の上昇（低下）は借入制約をより厳しくする（緩める）．

加えて，$\tau$ が高いほど借入制約が緩まり，$\tau$ が低いほど借入制約が厳

---

[10] 最低債務上限 $\bar{b}$ は，最適解が存在するために必要な設定である．直観的説明のため，仮に初期時点の対外債務量 $b_0$ が非常に小さく，初期にその経済に負の大きな所得ショックが起きてしまった場合を考える．その場合，所得が少ないために借入制約が厳しくなり，少量しか借りられず，予算制約式を満たす正の消費量が存在しないことが生じ得る．こうした最適解が存在しない状況を避けるため，$\bar{b}$ を課している．詳細は，Ljungqvist and Sargent (2012) の第 18 章を参照.

[11] 英語では，前者の場合を"Borrowing constraint binds."，後者を"Borrowing constraint does not bind."もしくは"Borrowing constraint unbinds."と表現する．

しくなる．さらに $\tau$ は $r_t$ もしくは $E_t y_{t+1}$ に対する対外債務上限値 $\mu_t$ の反応度合いを表し，$\tau$ が高いほど，これら外生変数の変動が対外債務上限値に与える影響を増幅させる．つまり，$\tau$ が高いほど（低いほど），借入制約は緩む（厳しくなる）一方で，より外生変数の変動の影響度は強まる（弱まる）．

　本書では，この借入制約の度合いを決めるパラメター $\tau$ を，金融統合の度合いと解釈する．つまりこの借入制約は，金融統合度が高まるほど借入制約が緩む一方で，外生変数の変化により敏感に対外債務上限が変動することを意味している．ではなぜ $\tau$ は金融統合度と解釈されるのだろうか．この点について，次の小節で議論する．

### 4.1.2　「米国実質金利に依存した借入制約」の理論的解釈

　本小節では，「米国実質金利に依存した借入制約」の理論的背景を説明する．

　「米国実質金利に依存した借入制約」は，財務指標の一つである「インタレスト・カバレッジ・レシオ（Interest Coverage Ratio; ICR）」を用いて，借り手の返済能力を測るという仮定のもとで導かれる．ICR は企業の借入金の利払い能力を測るもので，利払い金額に占める利払い前・税引き前の利益として定義される．Bernanke and Gertler (1995) によれば，ICR は「有用かつよく知られた企業財務指標の一つ」であり，主にコーポレート・ファイナンスの分野で財務健全性を測る指標として頻繁に用いられている．

　ICR は，企業の信用格付けに対し支配的な影響を持つと知られている (Gray et al., 2006)．実際，米格付け会社スタンダード・アンド・プアーズにおいても ICR は格付け指標の作成に用いられている (Standard and Poor's, 2013) ほか，日本銀行 (2022) においても，総資産に占める有利子負債の割合が高い企業ほど，ICR の減少時に格付けが低くなる傾向が指摘されている．

こうした ICR をはじめとする財務指標や格付けは，投資や融資活動の重要な判断材料となる．それは国境を超えた投資や融資でも同じだ．さらに国内と比べて，投資先・融資先に関する情報が相対的に入手しにくい海外への投資や資金の貸借においては，こうした指標がより重要となるだろう[12]．

このような背景から，本書では国際資本取引において，ICR が借り手の返済能力に関する重要な情報を有し，貸し手はこの指標に基づいて取引を行う状況を考える．本書のモデルにおいて，ICR は以下のように定義される．

$$ICR_t = \frac{y_t}{r_{t-1}b_t}. \tag{4.1.2}$$

(4.1.2) 式から，$y_t$ が一定のもと利子率 $r_{t-1}$ が上がると利払いが増し，ICR が低下する．

国際間の貸借契約として，ICR に基づいた対外貸借契約 (Private Placement Enhancement Project, 1996) を考える．海外から資金を借りるためには，借り手は以下の条件を満たさなければならない．

$$ICR_t = \frac{y_t}{r_{t-1}b_t} \geq \bar{\tau}. \tag{4.1.3}$$

ここで，$\bar{\tau}$ は海外の貸し手から課される ICR の閾値である．この条件は，借り手の ICR ($y_t/(r_{t-1}b_t)$) がある閾値 $\bar{\tau}$ 以上でなければならないことを意味している．

米国実質金利に依存した借入制約式は，この条件式 (4.1.3) を変形し

---

[12] 特に昨今のように各国の利上げが相次ぎ，世界的に金利が上昇する局面においては，利払い金額の増加による債務不履行の懸念が高まり，利払い能力を測る ICR の重要性が増すと考えられる．日本銀行 (2022) では，日本国内の 3 メガバンクの海外貸出先について，業種別に ICR と財務レバレッジ（総資産に占める有利子負債の割合）を算出し，海外金利上昇時の ICR が低い・財務レバレッジが高い業種への貸出に警鐘を鳴らしている．

1 期先にずらした上で, $\tau = 1/\bar{\tau}$ とすることで得られる.

$$b_{t+1} \leq \frac{\tau}{r_t} E_t y_{t+1}. \tag{4.1.4}$$

　閾値 $\bar{\tau}$ の逆数である $\tau$ は, 金融統合度と解釈できる. その理由は次の通りである. 銀行の現地支店の増加や, 対外取引相手に対する情報開示の制度化といった金融統合の進展は, 海外貸出にかかる監督コストの低下に貢献しうる. こうした監督コストの低下によって, 貸し出しに関する閾値 $\bar{\tau}$ も低下すると思われる. その結果, $\bar{\tau}$ の逆数である $\tau$ は上昇し, 借入制約 (4.1.4) はより緩まることが予見される. 従って, このモデルにおいて金融統合度の高まりは, $\tau$ の上昇・借入制約の弛緩をもたらし, より自由に対外貸借が可能になることを意味している.

### 4.1.3　他の借入制約との違い

　「米国実質金利に依存した借入制約」は他の種類の借入制約よりも強く米国実質金利の変動の効果が出るとすでに述べた. その理由を記すために, 例として以下のような別の形の借入制約と,「米国実質金利に依存した借入制約」を比較してみよう.

$$b_{t+1} \leq \frac{\tau}{1+r_t} E_t y_{t+1} \quad \text{異なる借入制約の例} \tag{4.1.5}$$

$$b_{t+1} \leq \frac{\tau}{r_t} E_t y_{t+1} \quad \text{米国実質金利に依存した借入制約} \tag{4.1.6}$$

　両者の違いは, 右辺の分母が $1+r_t$ か $r_t$ かである. 実は「米国実質金利に依存した借入制約」は, 対外負債上限の分母が $r_t$ であるために, 米国実質利子率の影響が大きくなりやすくなっている. また米国実質利子率は, 1980 年代後半以降は比較的低水準で推移し, 平均して 3% ほど, 高くても 5% 程度である. 仮に $r_t = 0.03$ とすると, $1/(1+r_t) = 0.97$, $1/r_t = 33.33$ であり, 後者の方が値が大きい. この単純な結果からも, 「米国実質金利に依存した借入制約」の方が, 米国実質利子率の影響が

大きくなることが予想される.

　先行研究の多くは Kiyotaki and Moore (1997) 型の借入制約を仮定しており, 上記の例の借入制約と詳細な形は違うが, 対外債務上限における米国実質利子率は担保である資本の割引現在価値として用いられ, 対外債務上限の分母が $1+r_t$ となっている. その結果, 共通ショックである米国実質利子率ショックよりも, 国固有のショックの方が経済に対する影響を強く持ちやすいと考えられる.

　米国実質利子率ショック, 国固有の所得ショック, どちらがこの経済に対して支配的な影響をもつかは, 借入制約の形だけでなく, それぞれの外生ショックの大きさなどのカリブレーションの結果にも左右される. そのため厳密には, 借入制約の形状のみだけではどちらのショックが経済にとって重要かを議論することはできない.

　しかし, 妥当なパラメーター設定のもと, (4.1.5) 式のような借入制約を用いたモデルで, 米国実質金利の変動がこの経済に対して支配的な影響を持つという結果を出すことは困難である. 理由としては, 現実の米国実質金利は低い水準で安定して推移しており, 一方で新興国における国固有のショックは取りうる値が大きく, またボラティリティも大きいためである. この推測はすなわち, 前節で紹介した「共通ショック・米国実質金利ショックが新興国経済に大きな影響を与えている」という数多くの先行研究の指摘に沿った上で, 金融統合と消費のボラティリティを分析する理論モデルを構築するには, 何らかの方法で, 従来の借入制約付きモデルよりも米国実質金利が経済に与える影響を増幅させる必要があることを意味する. この点を解決する単純な方法として, Yamada (2022) では上記のような ICR に基づいた借入制約を提起している.

# 4.2　モデルの詳細

　本節では，本書で分析する理論モデルの詳細を説明する．4.2.1 節で
は家計の効用最大化問題を定義し，本モデルにおいて米国実質利子率が
どのような経路を通じて消費に影響しうるかについて議論する．4.2.2
節では外生変数が従う確率過程を定め，4.2.3 節で定常状態を説明する．
4.2.4 節において本モデルのパラメターを設定し，4.2.5 節でこのモデル
の解法について説明する．

## 4.2.1　家計の効用最大化問題

　次のような小国開放経済（Small Open Economy; SOE）を考える．無
限期間生存する代表的家計は，毎期確率的に変動する外生的な所得 $y_t$
を受け取る．この代表的家計は，国際金融市場を通じて，海外への貸し
出しや借り入れを行うことができる．これらの対外債権・債務は満期が
1 期間であり，利率は確率的に変動する世界実質金利 $r_t$ によって決ま
る．「世界実質金利（world real interest rate）」はモデル上の概念で，国
際金融市場で小国が直面する実質金利の水準を表している．世界実質
金利の近似として，米国実質金利が頻繁に用いられる．本稿でも，米国
実質金利を用いて世界実質金利の影響を議論しているため，$r_t$ をより
直観的に「米国実質金利」で近似する．この経済は小国であり，米国実
質金利 $r_t$ に対する影響力を持たず，この経済にとって $r_t$ は外生である．
　この家計は，予算制約式 (4.2.1) と前節で説明した借入制約 (4.2.2) の
もと，自身の効用を最大化するよう，今期の消費 $c_t$ と次期の対外債務
$b_{t+1}$ の水準を決める．

$$\max E_0 \sum_{t=0}^{\infty} \beta^t \frac{c_t^{1-\gamma} - 1}{1-\gamma}$$

$$\text{s.t. } y_t + b_{t+1} \geq c_t + (1+r_{t-1})b_t, \tag{4.2.1}$$

$$b_{t+1} \leq \max\left\{\bar{b}, \frac{\tau}{r_t} E_t y_{t+1}\right\}. \tag{4.2.2}$$

$\beta, \gamma, \tau$ はそれぞれ，主観的割引ファクター，CRRA パラメータ，金融統合度であり，$\bar{b}$ は最低債務上限を表す．また，初期時点の対外債務 $b_0$ は所与とする．

効用最大化問題の必要条件であるオイラー方程式は，以下の通りである．

$$\lambda_t = \beta(1+r_t)E_t\lambda_{t+1} + \lambda_t^B. \tag{4.2.3}$$

ここで，$\lambda_t = c_t^{-\gamma}$ は $t$ 期における限界効用，$\lambda_t^B$ は借入制約に関するラグランジュ乗数である．借入制約に関するラグランジュ乗数は借入制約の厳しさを表し，借入制約に抵触しているときは正の値を取り，抵触していないときは 0 を取る．

オイラー方程式 (4.2.3) は，今期と来期という異時点間の消費配分の最適な水準を表す必要条件であり，来期の消費の期待値や実質利子率が変化した場合，式 (4.2.3) が満たされるように今期の消費が決定されることを表している．借入制約に抵触しない場合，$\lambda_t^B = 0$ となり，(4.2.3) 式は借入制約のない通常の SOE モデルと同様のオイラー方程式となる．つまり，左辺で表される今期 1 単位消費を増やして対外借入をすることの価値（効用の増加分）が，利子支払いの増加によって来期の消費が減少することによる効用の減少分（右辺第 1 項）に等しくなるよう，今期の消費水準が決定される．

　一方，借入制約に抵触している場合，$\lambda_t^B > 0$ となる．$\lambda_t^B$ は，借入制約に抵触しているもとで対外借り入れによって今期の消費を増やす際に生じる効用で測った追加的コストを表している．$\lambda_t^B > 0$ では今期に消費を増やすため海外から借り入れる価値（左辺）は，右辺第 1 項の利子支払いの増加に伴う消費の減少によって生じる効用の減少分と借入時の追加的コストの和に等しい．よって，借入制約に抵触する場合，借入制約に抵触しない場合や標準的な SOE モデルと比べて今期の限界効用は大きくなり，今期の消費が大きく落ち込むことになる．

　米国実質利子率の変動は，(4.2.3) 式右辺第 1 項と第 2 項の両方を通じて消費に影響する．(4.2.3) 式右辺第 1 項を通じた効果は異時点間の代替効果（inter-temporal substitution effect）であり，借入制約のない標準的な SOE モデルにおいても考察される代表的な金利の消費効果である．実質利子率が上昇すると，他の条件が一定であった場合，今期の消費を我慢して貯蓄をし，来期に消費を回す方が利子収入の分だけ多く消費できる．そのため，実質利子率が上昇（低下）すると，今期の消費は減り（増え），来期の消費が増える（減る）．

　(4.2.3) 式第 2 項の $\lambda_t^B$ を通じた効果は，米国実質金利の変動が借入制約の緩厳を変化させることから生じる．米国実質利子率が上昇すると対外債務上限値が低くなるため借入制約 (4.2.2) がきつくなり，$\lambda_t^B$ が上昇する．したがってオイラー方程式 (4.2.3) より，借入制約に抵触しない場合の利子率の上昇に伴う消費の下落よりも大きく今期の消費が減少する．米国実質利子率が高まるほど借入制約がきつくなって $\lambda_t^B$ がより上昇し，消費の減少も大きくなる．反対に米国実質利子率が下落すると，借入制約は緩まって $\lambda_t^B$ が下がり，消費は増加する．米国実質金利が低いほど借入制約は緩まり，$\lambda_t^B$ は 0 に近づく．したがって，米国実質利子率の下落が大きいほど今期の消費の反応は (4.2.3) 式右辺第 1 項の変化で表されるようになる．

　どちらの項も，米国実質利子率 $r_t$ の上昇（下落）は今期の限界効用

を増加(減少)させる.すなわち,$r_t$ の上昇(下落)は,今期の消費を減らし(増やし),来期の消費を増やす(減らす)効果を持つ.

### 4.2.2 外生ショック過程の定式化

米国実質利子率 $r_t$ は,以下のような 1 次の自己回帰(AR(1))過程に従うとする.

$$r_t = (1-\rho^r)r^* + \rho^r r_{t-1} + e_t^r, \quad e_t^r \sim i.i.d.N(0,\sigma_r^2). \tag{4.2.4}$$

なお,$r^*$,$\rho^r$ はそれぞれ,$r_t$ の平均値,AR 係数を表す.米国実質利子率ショック $e_t^r$ は,平均 0,分散 $\sigma_r^2$ の正規分布に従う,独立した確率変数である.

また,所得 $y_t$ の対数値は以下の過程に従うとする.

$$\ln y_t = (1-\rho_y^y)\ln y^* + \rho_y^y \ln y_{t-1} + \rho_r^y r_{t-1} + e_t^y, \quad e_t^y \sim i.i.d.N(0,\sigma_y^2). \tag{4.2.5}$$

ここで,$y^*$ は所得の平均値,$\rho_y^y$ は $\ln y_t$ の AR 係数であり,$\rho_r^y$ は 1 期前の米国実質利子率 $r_{t-1}$ が今期の所得 $\ln y_t$ に与える影響度を表す.所得ショック $e_t^y$ はこの国固有のショックであり,平均 0,分散 $\sigma_y^2$ の正規分布に従う,独立した確率変数である.

所得 $\ln y_t$ の過程において,$r_{t-1}$ との依存関係を考える理由は,本書の関心が「"所得変動に対する"消費の変動」である点に起因する.仮に,$y_t$ が $r_{t-1}$ に依存せず,単純な AR(1) 過程に従うとしよう.この場合,外生変数である $y_t$ は,自身の過去の値($y_{t-1}$)からしか影響を受けない.一方,内生変数である消費は,均衡において所得 $y_t$ からも米国実質利子率 $r_t$ からも影響を受ける.そのため,$y_t$ が単純な AR(1) 過程に従うとすると,ほぼこの設定から,所得変動よりも消費の変動が大きくなり,消費の過剰変動が自明となる.こうした設定によって消費の過剰変動が生じる可能性を排除するため,$y_t$ は $r_{t-1}$ に依存すると

仮定する[13].

## 4.2.3　確定的定常状態

　確定的定常状態（deterministic steady state; 以下単に「定常状態」と記す）とは，各変数が今期と来期で同じ一定の値をとり続ける場合の経済状態を表す[14]．本書では，定常状態において借入制約に抵触する場合，つまり借入制約に対するラグランジュ乗数が定常状態で正の値を取る（$\lambda^{Bss} > 0$）場合を考える．

　この経済における定常状態は以下の通りである．$x^{ss}$ は，変数 $x$ の定常状態での水準を表す．

$$y^{ss} = y^*,\ r^{ss} = r^*,\ b^{ss} = \frac{\tau}{r^{ss}} y^{ss},\ \frac{tb^{ss}}{y^{ss}} = r^{ss}\frac{b^{ss}}{y^{ss}} = \tau,$$

$$c^{ss} = y^{ss} - r^{ss}b^{ss} = (1 - \tau)y^{ss},$$

$$\lambda^{Bss} = [1 - \beta(1 + r^{ss})] > 0.$$

　このモデルでは，定常状態において借入制約に抵触するかどうかが金融統合度 $\tau$ によって決まる．金融統合度が低い場合は借入制約が非常に厳しく，ほとんど常に対外借り入れが制限されているだろう．そのため，定常状態であっても借入制約に抵触すると考えられる．本書では，定常状態で借入制約に抵触するほど金融統合度が低い経済を「新興国」と見なすことにする．

　対照的にもし金融統合度が十分に高ければ，定常状態でも借入制約に抵触しなくなり，対外借入はほとんど制限を受けなくなる．ほとん

---

[13]　なお，米国実質利子率 $r_t$ に関しては，小国の仮定よりこの経済は $r_t$ に対する影響力を持たないため，AR(1) 過程としている．

[14]　他方で，外生ショックの値が長期間に渡って 0 であった時に行き着く先の経済状態を，確率的定常状態（stochastic steady state）と言う．確定的定常状態，確率的定常状態について，詳しくは Fernández-Villaverde et al. (2016); Fernández-Villaverde and Levintal (2018) を参照．

ど常に自由な対外取引が可能であれば，当該国固有の所得ショックを平準化でき，消費の変動は所得の変動よりも小さくなるだろう．先進国経済は，このような十分に金融統合が進んだケースと見なすことができる．このような場合，借入制約に関するラグランジュ乗数 $\lambda_t^B$ は平均的に非常に小さく，ほとんど影響力を持たないだろう．したがって，借入制約のない標準的な SOE-RBC モデルで概ね近似できると考えられる．

　本書の主眼は新興国経済にあるため，金融統合度が低い（$\lambda^{Bss} > 0$）ケースのみを分析する[15]．多くの借入制約付きモデルでは，新興国を対象としたモデルであっても，定常状態では借入制約に抵触しないと仮定している．これらの研究においては，借入制約が抵触するときを「危機時」とし，平時と危機時の経済状態の比較を行うことを目的としているためである．こうした目的の場合は，$\lambda^{Bss} = 0$ とし，平時であれば自由に対外借入を行うことができるが，何らかの外生ショックにより借入制約に抵触してしまう危機時には，借入が制限されることを描写できる．本書の分析は，平時か危機時かという区別よりも，金融統合の度合いによって借入制約の厳しさが変わることと，その結果生じる消費のボラティリティの変化に主眼を置いている．そのため，定常状態において借入制約に抵触するかどうかは，金融統合度の違いによって決まるとしている．

---

[15] このモデル設定では，借入制約に抵触しない場合の定常状態を求めることができず，先進国経済にあたるケースでは解くことが出来ない．これは，標準的な SOE-RBC モデルにおいても直面する問題であり，解決のためには定常性を確保するための仮定（例えば対外負債依存型の利子率や，内生的に決定される主観的割引ファクター）を追加的に導入する必要がある．（詳しくは，Schmitt-Grohé and Uribe (2003) を参照）しかしこれらの仮定は，外生ショックに対する対外負債や消費の反応に影響するため，本分析では導入しないこととした．

表 4.1　モデル内のパラメーターの設定

| | パラメーター | 値 | 参照元 |
|---|---|---|---|
| $\beta$ | 主観的割引ファクター | 0.95 | Pancaro (2010) |
| $\gamma$ | CRRA パラメーター | 2 | Mendoza (2010) ほか |
| $\tau$ | 金融統合度 | 0.0248 | アルゼンチンにおける 貿易収支（対 GDP 比）の平均値 |
| $r^*$ | 米国実質利子率の定常状態値 | 0.0356 | 米国実質金利の平均値 |
| $\rho^r$ | 米国実質利子率の AR 係数 | 0.937 | (4.2.4) 式推定結果 |
| $\sigma_r$ | 米国実質利子率ショックの標準偏差 | 0.0055 | |
| $\ln y^*$ | 所得（対数値）の定常状態値 | 4.460 | アルゼンチン実質 GDP（対数値）の平均値 |
| $\rho_y^y$ | 所得（対数値）の AR 係数 | 0.9485 | (4.2.5) 式推定結果 |
| $\rho_r^y$ | 前期の米国実質利子率に 対する所得（対数値）の反応度 | -0.10 | |
| $\sigma_y$ | 所得ショックの標準偏差 | 0.0194 | |

### 4.2.4　カリブレーション

　モデル内のパラメーターは表 4.1 のように設定した．カリブレーションにあたっては，新興国ビジネス・サイクル・モデルの文献においてしばしばサンプル国として用いられるアルゼンチンのデータを使い，1993年第 1 四半期から世界金融危機前までの 2008 年第 2 四半期をサンプル期間とした[16]．

　$\beta$ については $\lambda^{Bss} > 0$ を満たす値 0.95 (Pancaro, 2010) とし，$\gamma$ については Mendoza (2010) をはじめ SOE モデルにおいて標準的に用いられる値 2 に設定した[17]．$\tau$ については，定常状態における関係式

---

[16] サンプル期間を世界金融危機前までに設定したのは，主として先行研究のサンプル期間に合わせるためと，使用したデータセットが 2010 年までであったためである．現在利用可能なアルゼンチンの国民経済計算データのうち，本分析で使用した Martin Uribe のデータセットは四半期の消費データが 1993 年から利用可能であるのに対し，アルゼンチンの公式統計（INDEC）は 2004 年からしか利用できない．アルゼンチンの公式統計では最新のデータを利用できるが，90 年代後半から 2000 年代初頭における新興国の金融市場の国際化と債務・経済危機をサンプル内に入れることを優先し，Martin Uribe のデータセットを用い，サンプルの終わりを世界金融危機前の 2008 年第 2 四半期とした．

[17] 定常状態において借入制約に抵触するためには，$\beta < 1/(1+r^*) = 0.966$ を満たす必要がある．

$\tau = TB^{ss}/y^{ss}$ をもとに，アルゼンチンにおける対 GDP 比貿易収支の平均値を用いて 0.0248 とした．$r^*$ は米国実質金利の平均値 0.0356，$\ln y^*$ はアルゼンチンにおける一人当たり実質 GDP の対数値（3 乗トレンドからの乖離）の平均値である 4.46 を用いた．米国実質金利を用いて (4.2.4) 式の AR(1) モデルを推定し，$\rho^r = 0.946$，$\sigma_r = 0.0051$ を得た．またアルゼンチンの一人当たり実質 GDP の対数値と米国実質金利を用いて所得過程 (4.2.5) 式を推定し，$\rho_y^y = 0.9485$，$\rho_r^y = -0.10$，$\sigma_y = 0.0194$ を得た[18]．

　金融統合度の変化による経済への影響を分析するため，$\tau$ の値を変えてその都度モデルを解いている．考慮する $\tau$ は，アルゼンチンにおける対 GDP 比貿易収支の平均値を用いた値（上記の 0.0248）をベンチマーク値 $\tau^*$ とし，$\tau = [0.5\tau^*, 0.75\tau^*, \tau^*, 1.25\tau^*]$ の 4 通りとした．

### 4.2.5　数値計算による解の導出

　このモデルは外生ショックの実現値やショックに対する内生変数の反応によって，毎期，借入制約に抵触するかそうでないかが内生的に決まる．こうしたモデルの解法は様々あるが，その中でも代表的な手法である数値計算によって近似解を得た[19]．具体的には，不動点反復法（fixed-point iteration）の一つである Mendoza and Villalvazo (2020) の手法を用いた[20]．

　このモデルにおける状態変数（state variable）は，外生変数 $y_t, r_t$ と，内生変数 $b_t$ の 3 つである．数値計算でモデルを解くにあたって，これらの状態変数を離散化し，各状態変数が取る値（グリッド）を定める．$y_t, r_t$ については，前小節で得られた VAR モデルの推定値を用いて，Tauchen

---

[18] データの詳細は付録 A を参照.

[19] Occasionally binding borrowing constraint の解法については Swarbrick (2021) が詳しい.

[20] アルゴリズムの詳細は付録 B を参照.

and Hussey (1991) の方法で合計 9（= 3 × 3）状態からなる有限マルコフ連鎖で近似した．近似の結果，それぞれ定常状態値を中心に，所得 $y_t$ は $[81.05, 86.45, 92.22]$，米国実質金利 $r_t$ の値は $[0.0199, 0.0356, 0.0513]$ となった．$b_t$ に関しては，最小値 $-0.5b^{ss}$，最大値 $1.6b^{ss}$ の間を等間隔で取る 200 個のグリッドを用意した．したがってここでは $200 × 3 × 3$ のグリッドからなる状態空間を考えている．

# 第5章 分析結果

　本章では，前章で提示したモデルによる分析結果を説明する．まず
5.1 節で，「金融統合度が高まると，消費の過剰変動度が高まる」という
観察事実が本書のモデルで再現可能であることを示す．その後 5.2 節
で，なぜ金融統合の進展が新興国の消費の過剰変動度を高めるのか，そ
こに米国実質金利はどう関係するのかといったメカニズムを政策関数
やシミュレーション結果を用いて明らかにする．最後に 5.3 節で，理
論モデルから示される経済変数の歪度と金融統合の関係を議論する．

## 5.1　金融統合度の変化と経済変数のモーメント

　表 5.1 は，異なる金融統合度 $\tau$ のもとで前章のモデルを解いて得ら
れた経済変数のサンプルモーメント（平均値と標準偏差）と，データ
の値を示している．$\tau^*$ はベンチマークとして定めたアルゼンチンの対
GDP 比貿易収支の平均値を用いた金融統合度（$\tau = 0.0248$）である．こ
の表から，以下の 3 点が示唆される．

(i)　消費のボラティリティの方が所得のボラティリティよりも高いこ
　　と，すなわち「消費の過剰変動」がこのモデルで描写できている．

(ii)　$\tau$ が上がるほど，借入制約に抵触しにくくなり，対外債務は平均
　　的に増える．

(iii)　$\tau$ が上がるほど，対外債務や消費のボラティリティが上がり，「消
　　費の過剰変動」度合いも高まる．

48

表 5.1 　異なる金融統合度のもとでの経済変数の平均・標準偏差

| | データ | モデル（金融統合度 低 ↔ 高） | | | |
| | | $0.5\tau^*$ | $0.75\tau^*$ | $\tau^*$ | $1.25\tau^*$ |
|---|---|---|---|---|---|
| 平均 | | | | | |
| 　対外債務 | - | 28.85 | 41.34 | 53.33 | 64.92 |
| 　貿易収支（対 GDP 比） | 0.02 | 0.01 | 0.02 | 0.02 | 0.03 |
| 　消費（対数値） | 4.26 | 4.45 | 4.44 | 4.44 | 4.43 |
| 　実質 GDP（対数値） | 4.46 | 4.46 | 4.46 | 4.46 | 4.46 |
| 標準偏差（対外債務を除きパーセント表記） | | | | | |
| 　対外債務 | - | 9.42 | 10.99 | 12.61 | 14.18 |
| 　貿易収支（対 GDP 比） | 5.40 | 2.80 | 3.13 | 3.42 | 3.66 |
| 　消費（対数値） | 6.82 | 5.87 | 6.12 | 6.37 | 6.59 |
| 　実質 GDP（対数値） | 5.10 | 4.96 | 4.96 | 4.96 | 4.96 |
| GDP の標準偏差に対する | | | | | |
| 　消費の標準偏差 | 1.34 | 1.18 | 1.23 | 1.28 | 1.33 |
| 借入制約に抵触する確率 | - | 28.52 | 19.43 | 12.77 | 12.54 |
| オイラー方程式誤差（常用対数値） | | | | | |
| 　最大値 | - | −8.04 | −8.34 | −7.83 | −7.76 |
| 　平均値 | - | −9.77 | −9.89 | −9.20 | −9.73 |

注　$\tau^* = 0.0248$ はアルゼンチンの対 GDP 比貿易収支の平均値を用いた金融統合度.
モデルからの平均・標準偏差の計算にあたっては，定常分布を使用した．データは
1993 年第 1 四半期から 2008 年第 2 四半期のアルゼンチンにおける一人当たり実質
GDP，消費，貿易収支対 GDP 比．実質 GDP と消費は対数値，3 乗トレンドからの
乖離を使用．データの詳細は付録 A を参照．オイラー方程式誤差は数値計算による
近似解の正確性を表し，誤差が小さいほど解は正確であると見なされる．

　表 5.1 から，$\tau$ の値によらず，実質 GDP の標準偏差に対する消費の
標準偏差が 1 を超えていることが確認できる．よって，このカリブレー
ション分析の結果では，$\tau$ の値によらず常に「消費の過剰変動」が起
きていることが分かる．
　また表からは，$\tau$ が上がるほど借入制約に抵触する確率が低下し，平
均的な対外債務量が増えていることも分かる．これは，$\tau$ が上がるほ
ど借入上限値が上がり，借入制約が緩むという仮定から導かれている．

一方で，$\tau$ が上がるほど，対外債務や消費の標準偏差が上がっていることも表から見て取れる．また，消費の過剰変動度を表す実質 GDP の標準偏差に対する消費の標準偏差も，$\tau$ の上昇と共に高まっている．このことから，本書が説明したい事象である「金融統合度が高まると，消費の過剰変動の度合いも上昇する」をこのモデルは再現できていることが確認できる[21]．

ではなぜ金融統合度の上昇により，消費の過剰変動の度合いが高まるのだろうか．次節でメカニズムを議論する．

## 5.2 金融統合度の高まりにより消費の過剰変動度が上昇するメカニズム

### 5.2.1 米国実質金利の変動と借入制約

図 5.1 は，金融統合度 $\tau$ をベンチマーク値 $\tau^*$ とし，所得が確定的定常状態値 $(y^{ss})$ を取るもとでの状態変数 $b_t$ に対する政策関数を表示している．つまり，所得をある一定水準に固定した上で，今期の対外債務残高 $b_t$ の値によって，内生変数の値がどう変わるかを見るものである．

図 5.1 内のパネルは，左から来期の対外債務残高 $(b_{t+1})$，今期の消費 $(c_t)$，借入制約に関するラグランジュ乗数 $(\lambda_t^B)$ であり，すべてのパネルにおいて，横軸は状態変数である前期の対外債務量 $b_t$ である．また各政策関数は，米国実質利子率の値ごとに描かれており，破線は米国利子率が低水準 $(r^{low})$ であるとき，実線は同率が定常状態値 $(r^{ss})$ であるとき，鎖線は同率が高水準 $(r^{high})$ であるときの政策関数を表している．この図は，以下のことを示している．

---

[21] このモデルでは所得は外生と仮定しているため，所得のボラティリティは $\tau$ によらず一定である．そのため，消費の過剰変動度の変化は，このモデルでは消費のボラティリティの変化によってのみ生じている．

図 5.1　$y_t = y^{ss}$ での状態変数 $b_t$ に関する政策関数

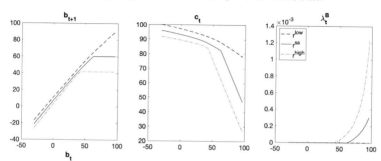

注　図中パネルは左から，来期の対外債務残高，今期の消費，借入制約に関するラグラ
ンジュ乗数の政策関数を米国実質利子率の水準別に描写している．横軸は状態変数
$b_t$ で，所得 $y_t$ は定常状態値 $y^{ss}$ で固定している．

(i)　米国実質金利が低水準であるとき，前期の対外債務量（$b_t$）がい
かなる値であっても，今期は借入制約に抵触しない．

(ii)　米国実質金利が低水準ではないとき，前期の対外債務量が多いと
借入制約に抵触する．

(iii)　米国実質金利が高くなるほど，より少ない前期の対外債務量で借
入制約に抵触するようになる．

(iv)　前期に多く借り入れているほど，米国実質金利の変動によって，今
期の対外債務量や消費は大きく左右される．

　　米国実質金利が $r^{low}$ であるとき（図 5.1 の破線）に着目されたい．
このとき，借入制約に関するラグランジュ乗数 $\lambda_t^B$ は $b_t$ によらず 0 の
値であることから，$r_t = r^{low}$ のとき，前期の対外債務量（=今期の期首
時点の対外債務残高 $b_t$）によらず借入制約に抵触しないことが分かる．
またこの図から，米国実質金利が $r^{ss}$ もしくは $r^{high}$ のとき，$b_t$ が高い
と $\lambda_t^B$ が正の値を取っており，借入制約に抵触していることが確認でき
る．さらに，米国実質金利の水準が高まるほど，借入制約に抵触する

$b_t$（つまり $\lambda_t^B > 0$ となる $b_t$）の値が低くなっている．つまり，米国実質金利の水準が高まるほど，より少ない対外債務残高であっても，借入制約に抵触してしまうと言える．

　このように，米国実質金利の水準によって，借入制約に抵触するかが大きく左右される．その結果，前期の対外借り入れが十分に多い場合，米国実質金利の水準次第で対外債務 $b_{t+1}$ は大きく変動することになり，予算制約式 (4.2.1) より，消費も大きく変動することになる．

　この「前期の対外借り入れが十分に多いと，米国実質金利の変動によって，対外債務や消費も大きく変動する」ことが，本書が提示する「金融統合の進展によって消費の過剰変動度合いが増してしまう」原因である．すでに 5.1 節で，金融統合度が高まるほど，借入制約に抵触する確率が減り，平均的な対外債務量が増えることを示した．特に，借入制約に抵触しない場合は，より多くの対外借り入れを行うことができる．しかし，本節での議論を踏まえると，前期に多額の借り入れをすればするほど，米国実質金利の水準次第で今期の借入水準が大きく制限される可能性が高まることになる．

　仮に今期米国実質金利が上がると，借入制約に抵触し，新規の借入は制限される．しかし，家計は前期に借りた分を返済しなければならない．そのために大きく消費を減らさねばならない．この消費の大きな落ち込みが，高いボラティリティを生み出している．

### 5.2.2　所得の変動と借入制約

　前小節で，借入制約に抵触するかは米国実質金利に大きく影響されることを示した．しかし，借入上限値は米国実質金利のみならず，所得の期待値にも依存している．本小節では所得の変動が借入制約を通じて経済に与える影響を議論する．

図 5.2　対外債務が確定的定常状態値であるときの所得に関する政策関数

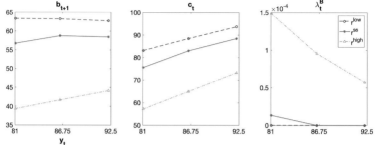

注　図中パネルは左から，来期の対外債務残高，今期の消費，借入制約に関するラグラ
　　ンジュ乗数の政策関数を米国利子率の水準別に描写している．横軸は状態変数であ
　　る所得 $y_t$ で，今期の対外債務，$b_t$ は定常状態値 $b^{ss}$ で固定している．

　図 5.2 は，$b_t$ が確定的定常状態値 $b^{ss}$ を取るもとでの所得 $y_t$ に対す
る政策関数を表示している．図 5.1 と同様，図中のパネルは左から，来
期の対外債務残高，今期の消費，借入制約に関するラグランジュ乗数
の政策関数を米国実質利子率の水準ごとに描写している．横軸は所得
である．図 5.2 から示唆されることは以下の通りである．

(i)　借入制約の厳しさに対し，所得は米国実質金利ほどは影響力を持
　　たない．

(ii)　米国実質金利が低水準のとき，所得水準によらず自由な対外借り
　　入れが可能となり，消費の平準化ができている．

　図 5.2 より，借入制約に関するラグランジュ乗数 $\lambda_t^B$ は，所得によっ
ても影響を受けることが分かる．しかし，所得による $\lambda_t^B$ の変化は，米
国実質金利による影響よりもはるかに小さい．所得が定常状態値であ
るとき，米国実質金利は $\lambda_t^B$ を 0 から最大 0.01％ほど上昇させる効果
を持つ．一方で米国実質金利が定常状態水準のとき，所得は $\lambda_t^B$ を 0 か

ら 0.002％程度しか上昇させない．その結果，米国実質金利と比べる
と，所得は対外債務や消費もあまり変化させない．やはりこのモデル
において，対外債務や消費の水準を大きく動かすのは米国実質金利で
あることが分かる．

　また米国実質金利が低いとき，所得水準によらず借入制約に抵触し
ていないことが分かる．つまり自由な対外借り入れを通じて，消費の
平準化を行うことができる．来期の対外債務残高の政策関数（図中左
パネル）を見ると，所得が低い時に借り入れが増え，所得が高い時に
借り入れが減少（貸し出しが増加）している．また，図中では少々わ
かりにくいが，$r^{low}$ での消費の政策関数（図中真ん中のパネル）は，
$r^{ss}, r^{high}$ のもとでの政策関数と比べて傾きが緩やかであり，所得に対
しての反応が弱いことが分かる．このことから，米国実質利子率が低
く借入制約に抵触していないときは，対外借り入れを通じて所得ショッ
クを平準化し，所得に対する消費の変動を抑えることができているこ
とが示唆される．

### 5.2.3　シミュレーション結果

　図 5.3 は，金融統合度 $\tau$ をベンチマーク値 $\tau^*$ に固定したもとでの，
本書のモデルのシミュレーション結果である．この図の一番下のパネ
ルは，生成された外生変数（$y_t, r_t$）の系列を描写している．実線はこ
のシミュレーションにおいて実現した所得 $y_t$ の系列，破線は実現した
米国実質金利 $r_t$ の系列である．なお，シミュレーション期間は 250 期
とした．上から 3 つ目までのパネルは，これらの外生系列をもとに計
算された内生変数の反応を表している．パネルは上から順に対外債務
$b_{t+1}$，消費 $c_t$，借入制約に関するラグランジュ乗数 $\lambda_t^B$ の反応である．
各パネルにおいて，横軸は時間（$t$）である．

　2 番目のパネルにおける消費の反応を見ると，いくつか大きな落ち
込み（スパイク）があることが確認できる．ここでは図中に影をつけ

*54*

図 5.3 シミュレーション結果

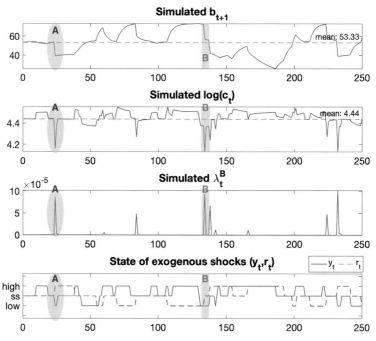

注 一番下のパネルにおいて，実線はシミュレーションによって得られた所得の値，点
線は実質利子率の値である．$b_{t+1}, c_t$ のパネル内にある点線は，定常分布から計算
されたそれぞれの平均値である．シミュレーションは以下の方法で行なった．まず
外生変数 $y_t, r_t$ について，250 期分のマルコフ連鎖のシミュレーション系列を生成
した．その後，生成した外生変数に対する内生変数 $(b_{t+1}, c_t, \lambda_t^B)$ の反応を，それ
ぞれの政策関数をもとにスプライン補間を用いて計算した．シミュレーションの初
期値として，$y_t, r_t$ は定常状態の水準，$b_0$ は定常分布から計算される対外債務の平
均値を用いた．

た 2 つの事例に着目して議論したい．2 つの事例を，それぞれ A, B と
する．

　事例 A, B 共に共通するのは，「消費の大きな落ち込み」と「借入制
約に関するラグランジュ乗数の値が非常に大きい」ことである．しか
し，これらが生じるメカニズムは 2 つの事例で異なる．

　最初に，事例 A に注目したい．事例 A の特徴を要約すると，以下の通りである．

**事例 A**：米国実質金利が高水準であるために借入制約に抵触し，対外借り入れが制限された結果，消費が大きく落ち込んでいる．

　事例 A では，米国実質金利が高水準になったときに，図中左下の $\lambda_t^B$ が非常に高い値を取っている．これは米国実質金利が高いほど，借入制約の厳しさが増すというモデルの仮定によって生じている．米国実質金利が高水準だと借入制約に抵触し，対外借り入れが大きく制限されるために，図中左上の対外債務 $b_{t+1}$ も大きく減少していることが分かる．結果，予算制約式 (4.2.1) より消費も大きく減少する．

　次に，事例 B の特徴について説明する．

**事例 B**：米国実質金利が低水準のとき，自由な対外取引が可能になり，対外借り入れが積み増される．その後米国実質金利が上昇すると，借入制約に抵触し，自由取引化で増加した対外債務の返済のために，消費が大きく減少することになる．

　事例 A とは異なり，事例 B において図中左下の $\lambda_t^B$ が跳ね上がるのは，米国実質金利が低水準から定常状態水準に上昇した際である．米国実質金利が低水準であるとき，$\lambda_t^B$ は 0 の値を取っており，借入制約に抵触していないことが分かる．そのため，自由な対外借り入れが可能であり，結果として，対外債務 $b_{t+1}$ が増え，時間の経過とともに対外借り入れが積み増されていることが確認できる．ところが，ひとたび米国実質金利が低水準から上昇すると，$\lambda_t^B$ が正の値を取り，借入制約に抵触する．その結果，新規の対外借り入れが制限されてしまう．しかし，家計はこれまでの債務を返済しなければならないため，消費を

大きく下げねばならなくなる.

　このようにシミュレーション結果からは，米国実質金利の変動によっ
て，借入制約に抵触するかが決まり，それによって対外債務や消費が
大きく左右されることが分かる．前小節において，金融統合の進展は
借入制約に抵触する確率を減らし，より自由な対外取引を可能にして
いることを示した．先ほどの事例Bは，自由取引のもとで対外借り入
れが積み増されるほど，米国実質金利が上昇し借入制約に抵触した際
は，債務返済のために消費を大きく削らなければならないことを示唆
している．すなわち，金融統合の進展によってより自由な対外取引が
可能になり，対外債務が増えるほど，ひとたび借入制約に抵触すると，
返済のために消費が大きく減るということが示唆される．そしてその
借入制約に抵触するか，つまり自由取引が可能かどうかは，米国実質
金利の水準に依存するということが本書のモデルのシミュレーション
結果から示される．

　また消費のボラティリティは，事例A，Bのような，消費の大きな落
ち込みによって生じていることが分かる．消費のシミュレーション系
列からは，点線で示された定常分布から計算された平均値以上の値を
取る場合よりも，平均値以下の値を取る場合の方が変化幅が大きいこ
とが確認できる．このことは，新興国の高いボラティリティは，消費が
激しく上下しているのではなく，米国実質金利の変動により，時折消
費が大きく下がることによって生じていることを示唆している．よっ
て，本モデルは2章で示した新興国で時折生じる消費の大きな下落に
よるボラティリティの高さを再現できていると言える.

# 5.3 金融統合度の変化と消費の歪度

第 2 章において，アルゼンチンの消費は時折生じる大きな落ち込みが高いボラティリティを生み出していることを示し，第 3 章では本書が考える借入制約はそうした時折生じる大きな落ち込みを再現できると述べた．前小節で示したシミュレーション結果においても，借入制約に抵触した際に消費が大きく落ち込み，上下の変動が対称的でないことが確認された．こうした変動の非対称性は歪度によって確認することができる[22]．分析結果の最後として，金融統合度により経済変数の歪度がどう変化するかを示す．

表 5.2 は，異なる金融統合度のもとでモデルを解いて得られた経済変数の歪度とデータの値である．この表から，金融統合度が高まるほど，消費の歪度がよりマイナス方向に大きくなっていることがわかる．前小節までの議論から，金融統合度が高まるほど借入制約が緩まり，借入制約に抵触する確率が減って平均的な対外負債残高が増加する一方で，ひとたび借入制約に抵触すると負債残高が大きいため，返済のために消費を大きく減らさなければならないことが示された．そのため，金融統合度が高まるほど，借入制約に抵触した場合の消費の落ち込みは大きくなり，消費の歪度がマイナス方向に大きくなる．

一方で，表 5.2 は本モデルの限界点も示している．消費の歪度に関してはデータと概ね整合的な結果であるが，モデルから計算される実質 GDP や貿易収支の歪度がデータから大きく離れている．本モデル

---

[22] 前小節での消費のシミュレーション系列で見られたような大きな落ち込みを含む，上下の変動幅の非対称性は，一般に「歪度」によって確かめることができる．歪度は，ある変数が従う確率分布の左右の非対称度合いを表す．正規分布であれば左右対称であるため，歪度は 0 である．右側に裾野が長く，頂点が左側によっているような確率分布の場合は歪度が 0 より大きくなり，反対に左側に裾野が長く，頂点が右側によっているような分布の場合の歪度は 0 より小さくなる．

表5.2 異なる金融統合度のもとでの経済変数の歪度

|  | データ | モデル（金融統合度 低 ↔ 高） | | | |
|---|---|---|---|---|---|
|  |  | $0.5\tau^*$ | $0.75\tau^*$ | $\tau^*$ | $1.25\tau^*$ |
| 対外債務 | - | 0.04 | 0.06 | 0.14 | 0.26 |
| 貿易収支（対 GDP 比） | 1.00 | 3.70 | 3.54 | 3.50 | 3.33 |
| 消費（対数値） | −0.97 | −0.82 | −1.00 | −1.18 | −1.27 |
| 実質 GDP（対数値） | −0.82 | 0.00 | 0.00 | 0.00 | 0.00 |

注　$\tau^* = 0.0328$ はベンチマークとして定めたアルゼンチンの対 GDP 比貿易収支の平均値を用いた金融統合度．モデルからの歪度の計算にあたっては，定常分布を使用した．データは 1993 年第 1 四半期〜2008 年第 2 四半期のアルゼンチンにおける一人当たり実質 GDP，消費，貿易収支対 GDP 比．実質 GDP と消費は対数値，3 乗トレンドからの乖離を使用．データの詳細は付録 A を参照．

では，所得（実質 GDP）の変動は正規分布に従う外生ショックによって生じると仮定している．そのため，モデルから計算される実質 GDP の歪度が 0 となってしまう．貿易収支の歪度のずれに関しても，このモデルが生産部門や政府を考慮していないためだと考えられる．国民経済計算上，GDP は消費・投資・貿易収支・財政支出の和として定義されるが，本書のモデルは生産部門や政府を考慮していない．そのため，投資や財政支出の変動が消費や貿易収支に含まれていることになる．本書では消費の変動を再現できるようにパラメータの設定を行っているため，貿易収支の変動はデータと整合的でなくなる[23]．今後の課題としてモデルを拡張し，生産部門や政府部門を導入する必要がある．

　本モデルは簡易な設定であるため上記のような限界点を有するが，金融統合の進展に伴う消費の過剰変動の悪化を説明する理論モデルとして，既存の理論にはないメカニズムを提示している．本書の分析結果から示唆されるのは，金融統合の進展によってより自由な対外借り入れが可能になり，消費の平準化を行うことができるようになる一方で，

---

[23] ただし確定的定常状態の値として貿易収支対 GDP 比の値を用いているため，モデルから計算される貿易収支対 GDP 比の平均値はデータと整合的になり，消費の平均値はデータとずれが生じている．

対外借り入れの増加によって返済が重くなり，借入制約に抵触すると
返済のために消費を大きく減らさなければならないということである．
そして借入制約に抵触するかどうかは米国実質金利の水準に大きく依
存しており，米国実質金利が低水準であれば借入制約に抵触せず，消
費の平準化が可能になる一方，米国実質金利が上昇すると借入制約に
抵触してしまうことが示された．

# 第6章 本書の結論と課題

## 6.1 本書の結論

　本書では，新興国においてなぜ金融統合度が高まると消費の過剰変動がより激しくなるのかを，借入制約付きの小国開放経済モデルを用いて分析した.

　分析結果からは，金融統合度が高まるほど，対外的な借入制約が緩み，消費の平準化が容易になり平均的に対外債務が増えると同時に，対外債務の上限が米国実質金利の変動をより受けやすくなることが分かった. 米国実質金利が低水準であれば，自由に海外から借り入れをすることができ，消費の平準化を行うことができる. しかし，ひとたび米国実質金利が上昇すると，借入制約に抵触し，新規借入ができなくなり，対外債務の返済のために消費を減らさざるを得なくなる. 金融統合が進展し，より自由な対外借り入れが可能になることで，対外債務は増加し，借入制約に抵触した際に返済がより困難になり，消費を大幅に減らさなければならなくなる. 以上が，本書が提示するメカニズムである.

　こうした分析結果から示唆されることは,「金融統合の進展は，自由な対外取引の機会を増やし，国特有のショックに対する変動を抑え，消費のボラティリティを低下させる」という理論的な推測は誤りではないということである. 実際に本書のモデルでは，借入制約に抵触しない場合では消費の平準化が可能になり，国特有の所得ショックによる消費の変動は抑えられている. しかし，本書のモデルが主張する重要

な点は，こうした消費の平準化が可能かどうかは米国実質金利の水準に左右されるということである．さらには，自由な対外取引によって対外債務が増えるほど，米国実質金利の上昇によってひとたび借入制約に抵触すると，多額の債務返済のために消費を大きく減らさなければならないことも，本書の分析結果は示している．

　本書の分析結果は，目下の世界経済情勢に対しても示唆を与える．米国連邦準備制度理事会 (FRB) が政策金利の引き上げを発表した 2022 年 3 月以降，米国以外の先進国にも利上げの波が伝播した．相次ぐ先進各国の利上げの中，新興国からは資金が流出し，対外債務危機への発展が懸念されている．こうした現状は，本モデルにおける米国実質金利の上昇による対外債務上限の低下として解釈できる．本書の分析結果は，今後米国実質金利のさらなる上昇や新興国経済の生産を大きく減らすような固有ショックが生じた場合，新興国が借入制約に抵触し，対外債務危機に至る可能性を示している．

　金融統合の進展による「消費の平準化」という恩恵は，確かに存在している．しかし，この恩恵に預かれるかどうかは，米国実質金利に代表される「世界共通のショック」に左右される．金融統合は，「国特有の所得ショック」の影響を和らげると同時に，「世界共通のショック」に対する脆弱性を高めるという危険性もはらんでいる．これが，モデル分析に基づく本書の主たるメッセージである．

## 6.2　分析結果から示唆される研究課題

　本書の分析結果から示唆される研究課題として，以下の 3 つを提示したい．

　1 つ目は，新興国の消費の過剰変動をなくし，経済のボラティリティを減らすにはどうしたらいいか，という点である．一案として，本書

のモデルからは，金融統合度 $\tau$ を先進国の水準，つまり定常状態で借入制約に抵触しない水準まで高めることが示唆される．$\tau$ が非常に高ければ，借入制約に抵触することはほとんど生じないだろう．その場合，今の先進国のように，ほとんど常に自由な対外取引が可能となり，国特有の所得ショックに対して消費を平準化することができ，消費の過剰変動は起きなくなると予想される．

　本書のモデルでは，金融統合度 $\tau$ は，貸し手が課すインタレスト・カバレッジ・レシオの基準値 $\bar\tau$ の逆数であった．この想定に基づくと，金融統合度 $\tau$ を高めるには，何らかの方法で信用力を高め，貸し手が要求する基準値 $\bar\tau$ を下げる必要があると推察される．では，新興国が信用力を高めるにはどうしたら良いのだろうか．これは，今後の重要な研究課題の1つである．

　しかしながら本書のモデルは，先進国のようにほとんど常に自由な対外金融取引が可能でボラティリティが低くても，借入制約は常に存在していることを意味している．そのため，世界金融危機のような大きなショック（経済危機）が生じると，借入制約に抵触し，対外借り入れは制限され，消費の平準化を行うことができなくなると考えられる．本書の結果は，仮に新興国が金融統合度を十分に高めれば，平時には経済の安定を得ることができるかもしれないが，危機が生じる可能性はいつでも存在していること，さらに平時に対外債務を多く抱えている国ほど，こうした危機の影響が大きいことを示唆している．ではいかにして危機の影響を減らし，1国の経済ならびに世界経済全体の安定をはかることができるのだろうか．これが本書の分析から示唆される2つ目の研究課題であり，特に世界金融危機以降，多くのマクロ経済学者が今なお取り組んでいる課題である．

　3点目は，金融統合の効果を実証的に測る際は，世界共通ショックとある国に特有のショックの影響を分けて議論すべき，という点である．これまでの実証的先行研究は，金融統合の進展に伴い消費の平準化が

行われているかどうかを，GDP のボラティリティに対する消費のボラティリティの比を用いて議論していた．しかし，消費の平準化が可能となるのは国特有のショックに対してのみである．金融統合の進展によって，消費の平準化が可能であったかを議論するには，経済が直面するショックが世界共通のショックであるか，国特有のショックであるかを識別する必要がある．

　またより広範な研究課題としては，新興国における金融危機や通貨危機の分析が挙げられる．本モデルは実物経済モデルであり，価格や為替レートの変動による経済への影響を考慮していなかった．家計がドル建てで海外から資金を借り入れ，自国建てで消費や投資（家計による国内への貸し出し）を行う状況を考えると，米国実質金利の上昇はドル高・自国通貨安を引き起こし，利子率の上昇以上に対外債務の返済額が増加する一方で国内債権の価値は目減りし，より対外債務の返済が困難になると予想される．さらに家計が海外から短期で借り，国内へ長期で投資していた場合，国内債権を対外債務の返済に回すことができず，返済のために消費や国内への新規の投資を大きく削らなければならなくなると考えられる．アジア通貨危機時，東南アジア諸国がドル建てで短期の借り入れをし，自国通貨建てで長期の貸し出しをしていたことが危機のきっかけになったとして問題視されたが，こうした貸借行動における通貨や満期のミスマッチが生じる場合，米国利子率の上昇時に借入制約はより厳しくなり，消費の落ち込みはさらに大きくなり，返済が出来ず対外債務不履行（ソブリン・デフォルト）に発展することもあるだろう．本モデルでは常に返済が行われる状況のみを考慮していたが，大規模なデフォルトが生じた場合，長期間にわたって国内外の経済に悪影響が生じる．国外の投資家は損失を被り，他の新興国の返済能力にも疑念を抱いて他国への借入制約を一層強めたり資金を引き上げるなど，他の新興国へも影響が飛び火しかねない．国内でも対外資本取引が制限されるなど，影響は長期間に及ぶ．こうし

た新興国におけるデフォルトや通貨危機，金融危機と金融統合の進展
や米国実質金利の変化の関連を明らかにすることは，今後の大きな研
究課題である．

　最後に，本モデルの限界点のうち，特に重要な点を整理したい．限
界点の 1 つとして，所得が外生的に決定されると仮定している点が挙
げられる．この仮定により，本モデルでの金融統合による消費の過剰
変動度の変化は消費のボラティリティの変化によってのみ生じている．
また第 5 章 5.3 節で述べた通り，所得ショックは正規分布に従うと仮定
しているため，サンプル国であるアルゼンチンの所得の歪度を描写す
ることができず，生産部門を考慮していないために貿易収支のモーメ
ントがデータと整合的でない．こうした点は，今後本モデルを生産経
済に拡張することで克服したい．

　また，本書で示したメカニズムの実証的評価が行われていないこと
も限界点の 1 つとして挙げられる．本書は分析結果として，対外借入
上限の厳しさは国特有の所得ショックよりも米国実質金利の変動から
強い影響を受けており，米国実質金利の影響は金融統合度が高まるほ
ど強まることを示した．しかし上記で述べた通り，金融統合の進展に
よって，所得ショック，米国実質金利のどちらがより強い影響を持つか
は実証的に明らかではない．そのため，本書は新興国における金融統
合と消費の過剰変動を説明する分野に対し，あくまで別の理論モデル
に基づく新しいメカニズムを提示したにすぎない．本書で示したメカ
ニズムの実証的妥当性を評価することは，今後の課題としたい．

# 付録A　データの説明

## A.1　データの出典・加工について

### A.1.1　1人あたり実質 GDP，消費，貿易収支対 GDP 比

**出典**：Uribe and Schmitt-Grohé (2017) の第5章の再現用データ（Marín
Uribe のホームページ上で公開）

　1人あたり実質 GDP，消費は自国通貨建ての季節調整済み四半期デー
タを使用し，対数を取った上で3乗トレンド（cubic trend）からの乖離
を使用している．

### A.1.2　米国実質利子率

**出典**：［名目金利］米財務省短期証券（T-bill）3ヶ月物利率（月次; FRED
から取得）

　　　［物価水準］米国消費者物価指数（CPI, 月次, 季節調整済み; 米
国労働省労働統計局より取得）

　米国実質金利は，Neumeyer and Perri (2005) の方法に従い計算した．
実質金利は，フィッシャー方程式より，名目金利から期待インフレ率を
引くことで求められる．期待インフレ率の計算に際して，まず米国消
費者物価指数から毎月のインフレ率を計算し，過去4ヶ月分のインフ
レ率の平均を取る．この過去のインフレ率の実現値の平均を，ある月
時点の期待インフレ率の近似値として用い，名目金利から引くことで
実質金利を得た．その後，実質金利の4ヶ月間の平均を取り，四半期
データにしている．

### A.1.3 対外総資本フロー

出典：Lane and Milesi-Ferretti (2017) データセット（年次）

対外総資本フローは，対外総資産（total assets）フローと対外総負債（total liabilities）フローの合計として計算した．

# A.2 第2章 2.1, 2.2節における<br>サンプル国とサンプル期間

2.1節図2.1でのサンプル期間の終わりは2008年第2四半期，2.2節表2.1では2009年第4四半期である．サンプル国は全部で39カ国（先進国20カ国，新興国19カ国）であり，各国のサンプル開始時期は以下の通りである．

表 A.1　サンプル国・期間一覧：先進国

| 国名 | iso3c | 開始時期 年次データ | 四半期データ |
|---|---|---|---|
| Australia | AUS | 1980 | 1980Q1 |
| Austria | AUT | 1980 | 1980Q1 |
| Belgium | BEL | 1980 | 1980Q1 |
| Canada | CAN | 1980 | 1980Q1 |
| Switzerland | CHE | 1980 | 1980Q1 |
| Germany | DEU | 1980 | 1980Q1 |
| Denmark | DNK | 1980 | 1980Q1 |
| Spain | ESP | 1980 | 1980Q1 |
| Finland | FIN | 1980 | 1980Q1 |
| France | FRA | 1980 | 1980Q1 |
| United Kingdom | GBR | 1980 | 1980Q1 |
| Greece | GRC | 2000 | 2000Q1 |
| Italy | ITA | 1980 | 1980Q1 |
| Japan | JPN | 1980 | 1980Q1 |
| Netherlands | NLD | 1980 | 1980Q1 |
| Norway | NOR | 1980 | 1980Q1 |
| New Zealand | NZL | 1980 | 1980Q1 |
| Portugal | PRT | 1980 | 1980Q1 |
| Sweden | SWE | 1980 | 1980Q1 |
| United States | USA | 1980 | 1980Q1 |

表 A.2 サンプル国・期間一覧：新興国

| 国名 | iso3c | 開始時期 年次データ | 開始時期 四半期データ |
|---|---|---|---|
| Bolivia | BOL | 1991 | 1991Q1 |
| Ecuador | ECU | 1991 | 1991Q1 |
| Uruguay | URY | 1983 | 1983Q1 |
| Argentina | ARG | 1993 | 1993Q1 |
| Brazil | BRA | 1991 | 1991Q1 |
| Chile | CHL | 1996 | 1996Q1 |
| Colombia | COL | 1994 | 1994Q1 |
| Hong Kong SAR, China | HKG | 1980 | 1980Q1 |
| Israel | ISR | 1980 | 1980Q1 |
| Korea, Rep. | KOR | 1980 | 1980Q1 |
| Mexico | MEX | 1980 | 1980Q1 |
| Malaysia | MYS | 1991 | 1991Q1 |
| Peru | PER | 1980 | 1980Q1 |
| Thailand | THA | 1993 | 1993Q1 |
| Turkey | TUR | 1980 | 1980Q1 |
| South Africa | ZAF | 1980 | 1980Q1 |
| Bulgaria | BGR | 1994 | 1994Q1 |
| Cyprus | CYP | 1995 | 1995Q1 |
| Hungary | HUN | 1995 | 1995Q1 |

# 付録B FiPIt: Mendoza and Villalvazo (2020) による不動点反復法

本書では，Mendoza and Villalvazo (2020) による不動点反復法（Fixed Point Iteration Method, 通称 FiPIt）を用いて，数値計算解の導出を行った．本補論では，この FiPIt による解法を紹介する.

## B.1 FiPIt とは

FiPIt とは，Mendoza and Villalvazo (2020) が提唱した数値計算解法である．FiPIt の利点は，借入制約付きモデルにおいて，内生的に決まる状態変数が複数存在する場合であっても，従来の解法よりも速く解を得られる点である．本書で導入した借入制約のように，経済変数の値によって制約に抵触するかが逐次的に決まる（occasionally binding constraints）モデルは，解析的に解くことが難しく，数値計算による近次解を得る必要がある．その際，モデルの状態変数の数が増えるほど，数値計算によって解を得るまでに時間がかかるという困難が生じる．例えば本書では，状態変数は期首時点の対外債務 $b_t$，所得 $y_t$，米国実質利子率 $r_t$ の3つであり，数値計算解を得るにあたって，それぞれの状態数（グリッド数）を 200, 3, 3 に設定した．すなわち，合計で $200 \times 3 \times 3 \times = 1800$ の状態数を抱えている.

状態変数のうち，特にモデルの中で内生的に決まる変数は，状態数を

多く設定しなければ正確な解を得ることが難しい．本書でも，内生的に決まる状態変数である $b_t$ の状態数を多く設定している．本書は生産部門を考慮していないが，生産部門を伴う標準的な小国開放経済モデルの場合，内生的に決まる状態変数は $b_t$ と資本 $k_t$ の2つである．$k_t$ の状態数を $b_t$ 同様 200 とすると，合計の状態数は $200 \times 200 \times 3 \times 3 = 360,000$ まで増大してしまう[24]．生産部門を伴う標準的な小国開放経済モデルのように内生的に決まる状態変数が2つ存在し，さらに経済変数の値によって制約に抵触するかが決まるような借入制約等が入った非常に計算負荷の高いモデルであっても，FiPIt であれば従来の手法よりも速く解を得ることができる．

　次小節以降では，本書のモデルを用いて FiPIt のアルゴリズムの解説を行う．なお，FiPIt 論文の著者の一人，Mendoza Enrique の HP で，小国開放経済の Sudden stop モデルを例にしたサンプルコード（Matlab）が公開されている．

## B.2　FiPIt アルゴリズムの説明

### B.2.1　アルゴリズムの概観

　アルゴリズムの概略は以下の通りである．

**手順 1.** モデルのパラメター，状態変数のグリッド，推移確率行列を定める．

**手順 2.** 政策関数 $b'$ の当て推量，$\hat{b}'$ を定める．

**手順 3.** イタレーションの開始

**3-1.** 借入制約に抵触しないと仮定する．パラメター，状態変数，推移確率行列，推測値 $\hat{b}'$ を所与とし，オイラー方程式から消費

---

[24] 状態変数の数をどんどん増やしていくと，最終的には解くことができなくなってしまう．これを次元の罠という．

の政策関数の推測（$\hat{c}$）を行う.

**3-2.** $\hat{c}$ を用いて，予算制約式から対外債務の政策関数 $b'$ を得る.

**3-3.** 求めた $b'$ が借入制約に抵触するかを確認する.（抵触しない場合は手順 3-6 へ）

**3-4.** $b'$ が借入制約に抵触する場合，$b'$ を借入上限値に設定し，予算制約式をもとに $c$ を求める.

**3-5.** 得られた政策関数 $b', c$ を用いて，オイラー方程式から借入制約に関するラグランジュ乗数 $\lambda_t^B$ を求める.

**3-6.** 手順 3-1 から 3-5 までを全てのグリッド上で行う.

**3-7.** $b'$ の推測値 $\hat{b}'$ の更新を行う.

**3-8.** イタレーションの収束を判定する. 求めた $b'$ と $\hat{b}'$ の距離が基準値以下になるまで，手順 3 全体を繰り返す.

### B.2.2　各手順の詳細

**手順 1.** モデルのパラメター，状態変数のグリッド，推移確率行列を定める.

　モデルのパラメターの値は，ベンチマークケースでは $\tau = 0.0248$，$\beta = 0.95$，$\gamma = 2$ である. 状態変数 $b$ のグリッド $B$ は，最大値 $1.6b^{ss}$，最小値 $-0.5b^{ss}$（$b^{ss}$ は確定的定常状態の値）を等間隔に取る 200 個を設定した. 状態変数 $y, r$ については Tauchen and Hussey (1991) を用い，それぞれ 3 つのグリッド $y = [y^l, y^{ss}, y^h], r = [r^l, r^{ss}, r^h]$ と $9 \times 9$ の推移確率行列 $\Pi$ からなるマルコフ連鎖への近似を行った.

　なお，以降の工程において，外生変数 $y, r$ の状態（値の組み合わせ）を $s$ と表記する. 例えば，状態 1（$s=1$）は $y = y^l, r = r^l$ の状態，状態 2（$s=2$）は $y = y^l, r = r^{ss}$ である状態を表す. $s$ は 9 つ存在し，推移確率行列 $\Pi$ に従って移り変わる. 例えば，今期の状態が 1 で，来期に状態 2 に移行する確率は，推移確率行列 $\Pi$ の (1,2) 要素で与えられる.

**手順 2.** 初期関数 $\hat{b}'_0(b,s)$ と，政策関数 $b'(b,s)$ の当て推量 $\hat{b}'_1(b,s)$ を定める．

初期関数 $\hat{b}'_0(b,s)$ と，求めたい政策関数 $b'(b,s)$ の推測（comjecture）$\hat{b}'_1(b,s)$ を設定する．初期関数 $\hat{b}'_0(b,s)$ は手順 1 で設定した状態変数 $b$ を用い，政策関数の推測 $\hat{b}'_1(b,s)$ も $\hat{b}'_0(b,s)$ と同一とした．

**手順 3.** イタレーションの開始

**3-1.** 予算制約式をもとに消費の推測（$\hat{c}_j(b,s)$）を行う．

**3-2.** 借入制約に抵触しないと仮定し，オイラー方程式から消費の政策関数 $c_{j+1}(b,s)$ を得る．

**3-3.** $c_{j+1}(b,s)$ を用いて，予算制約式から海外債務の政策関数 $b'_{j+1}(b,s)$ を得る．

1 回目のイタレーション（$j=1$）を開始する．ある $B$ グリッド上の点 $b$，外生変数の状態 $s$ のもとで，手順 2 で設定した $\hat{b}'_{j-1}(b,s), \hat{b}'_j(b,s)$ を所与とし，予算制約式から消費の政策関数の推測を行う．

$$\hat{c}_j(b,s) = y + \hat{b}'_j(b,s) - (1+r)\hat{b}'_{j-1}(b,s). \tag{B.2.1}$$

ここで，借入制約に抵触しないと仮定する．借入制約に抵触しない場合，オイラー方程式は以下のようになる．

$$c_{j+1}(b,s) = \left\{ \beta(1+r)E\left[ c_j(\hat{b}'_j(b,s), s')^{-\gamma} \right] \right\}^{-\frac{1}{\gamma}}. \tag{B.2.2}$$

右辺 $c_j(\hat{b}'_j(b,s), s')$ は，政策関数の推測 $\hat{b}'_j(b,s)$ をもとに計算される点に注意されたい．イタレーション開始時の $\hat{b}'_1(b,s)$ 設定や，その後のアップデートによって，$\hat{b}'_j(b,s)$ の値が手順 1 で設定した $b$ のグリッド上にあるとは限らない．そのため，$c_j(\hat{b}'_j(b,s), s')$ を得る際には補間を行う．本書ではスプライン補間を用いた．期待値は推移確率行

列を用いて計算される.

　求めた $c_{j+1}(b,s)$ を用いて，予算制約式から $b'_{j+1}(b,s)$ を得る.

$$b'_{j+1}(b,s) = c_{j+1}(b,s) + (1+r)\hat{b}'_j(b,s) - y. \tag{B.2.3}$$

**手順 3.** イタレーションの開始（続き）

**3-4.** 求めた $b'(b,s)$ が借入制約に抵触するかを確認する.（抵触しない場合は手順 3-7 へ）

**3-5.** $b'_{j+1}(b,s)$ が借入制約に抵触する場合，$b'_{j+1}(b,s)$ を借入上限値に設定し，予算制約式をもとに $c_{j+1}(b,s)$ を求める.

**3-6.** 得られた関数 $b'_{j+1}(b,s), c_{j+1}(b,s)$ を用いて，オイラー方程式から借入制約に関するラグランジュ乗数 $\lambda^B_{j+1}(b,s)$ を求める.

**3-7.** 手順 3-1 から 3-6 までを全ての $b,s$ で行う.

　手順 3-3 で求めた $b'_{j+1}(b,s)$ が借入制約に抵触するか，つまり借入上限値 $\frac{\tau}{r}Ey'$ を超えているか確認する. 借入上限値を超えていない場合は手順 3-7 に飛び，そうでなければ，借入制約に抵触するもとでの $b'_{j+1}(b,s), c_{j+1}(b,s)$ を求める.

$$b'_{j+1}(b,s) = \frac{\tau}{r}Ey', \tag{B.2.4}$$

$$c_{j+1}(b,s) = y + b'_{j+1}(b,s) - (1+r)\hat{b}'_j(b,s). \tag{B.2.5}$$

　借入制約に抵触しない場合は，借入制約に関するラグランジュ乗数 $\lambda^B_{j+1}(b,s)$ を 0 とし，そうでない場合はオイラー方程式より求める.

$$\lambda^B_{j+1}(b,s) = c_{j+1}(b,s)^{-\gamma} - \beta(1+r)Ec_j(b'_{j+1}(b,s),s')^{-\gamma}. \tag{B.2.6}$$

手順 3-1 から 3-6 までを全ての状態変数のグリッド上で行う[25].

---

[25] なお状態変数 $b$ に関するループ時には，並列計算を用いてイタレーションにかかる時間を短縮することができる.

**手順 3.** イタレーションの開始（続き）

    **3-8.** イタレーションの収束を判定する．求めた $b'_j(b,s)$ と $\hat{b}'_j(b,s)$ の距離が基準値以下になれば，イタレーションを終了する．収束基準を満たさなかった場合は手順 3-9 に進む．

    **3-9.** 推測値の更新を行い，$\hat{b}'_{j+1}(b,s)$ を設定する．手順 3-8 の収束基準を満たすまで，手順 3 全体を繰り返す．

    イタレーションは，$|b'_{j+1}(b,s) - \hat{b}'_j(b,s)| \leq \epsilon$ が成立するときに終了する．本書では左辺を最大値ノルム（$\max_{b,s} |b'_{j+1}(b,s) - \hat{b}'_j(b,s)|$）とした．この値が事前に設定した基準値 $\epsilon$ を下回れば，イタレーションを終了し，政策関数 $b'(b,s), c(b,s), \lambda^B(b,s)$ が得られる．

    収束基準を満たさなければ推測を更新し，手順 3 全体を繰り返す．新たな推測 $\hat{b}'_{j+1}(b,s)$ の設定に際しては，今回のイタレーションで得られた関数 $b'_{j+1}(b,s)$ と古い推測 $\hat{b}'_j(b,s)$ の凸結合を用いる．

$$\hat{b}'_{j+1}(b,s) = \rho b'_{j+1}(b,s) + (1-\rho)\hat{b}'_j(b,s), \qquad \text{(B.2.7)}$$

パラメーター $\rho$ は $0 < \rho \leq 1$ である．新たな推測の設定に際して上記の凸結合を使用するのは，オーバーシュート（解を通り越してしまうこと）によるイタレーションの発散を避けるためである．パラメーター $\rho$ を低く設定するほどオーバーシュートは起こりにくくなるが，イタレーション収束までにかかる時間は長くなる．本書では $\rho = 0.8$ とした．

# 参考文献

Adrian, Tobias, "Interest rate increases, volatile markets signal rising
financial stability risks," *IMF blog*, October 2022.

Aguiar, Mark and Gita Gopinath, "Emerging market business cycles : the
cycle is the trend," *Journal of Political Economy*, 2007, *115* (1),
69–102.

Baxter, Marianne and Mario J. Crucini, "Business cycles and the
asset structure of foreign trade," *International Economic Review*,
November 1995, *36* (4), 821.

Bernanke, Ben S and Mark Gertler, "Inside the black box: the credit
channel of monetary policy transmission," *Journal of Economic
Perspectives*, 1995, *9* (4), 27–48.

Bhattacharya, Rudrani and Ila Patnaik, "Financial inclusion, productivity
shocks, and consumption volatility in emerging economies," *The
World Bank Economic Review*, 2016, *30* (1), 171–201.

Bianchi, Javier, "Overborrowing and systemic externalities in the business
cycle," *American Economic Review*, 2011, *101* (7), 3400–3426.

Boileau, Martin and Tianxiao Zheng, "Financial reforms and consumption
smoothing," *The B.E. Journal of Macroeconomics*, June 2021, *22*
(2), 575–611.

Chinn, Menzie D and Hiro Ito, "What matters for financial development?
Capital controls, institutions, and interactions," *Journal of
Development Economics*, 2006, *81* (1), 163–192.

Eaton, Jonathan and Mark Gersovitz, "Debt with potential repudiation:

theoretical and empirical analysis," *The Review of Economic Studies*, 1981, *48* (2), 289–309.

Evans, Martin D and Viktoria V Hnatkovska, "Financial integration, macroeconomic volatility, and welfare," *Journal of the European Economic Association*, 2007, *5* (2–3), 500–508.

Evans, Martin D and Viktoria V Hnatkovska, "International capital flows, returns and world financial integration," *Journal of International Economics*, 2014, *92* (1), 14–33.

Faia, Ester, "Macroeconomic and Welfare Implications of Financial Globalization," *Journal of Applied Economics*, May 2011, *14* (1), 119–144.

Fernández-Villaverde, Jesús and Oren Levintal, "Solution methods for models with rare disasters," *Quantitative Economics*, 2018, *9* (2), 903–944.

Fernández-Villaverde, Juan Francisco Rubio-Ramírez, and Frank Schorfheide, "Solution and estimation methods for DSGE models," in "Handbook of macroeconomics," Vol. 2, Elsevier, 2016, pp. 527–724.

García-Cicco, Javier, Roberto Pancrazi, and Martín Uribe, "Real business cycles in emerging countries?" *American Economic Review*, 2010, *100* (5), 2510–2531.

Gray, Stephen, Alexsander Mirkovic, and Vanitha Ragunathan, "The determinants of credit ratings: Australian evidence," *Australian Journal of Management*, 2006, *31* (2), 333–354.

Hoek, Jasper, Steve Kamin, and Emre Yoldas, "Are higher US interest rates always bad news for emerging markets?" *Journal of International Economics*, 2022, *137*, 103585.

International Monetary Fund, *World economic outlook October 2001: The information technology revolution* May 2001.

Kamin, Steven B, "The current international financial crisis: how much is new?" *Journal of International Money and Finance*, 1999, *18* (4), 501–514.

Kehoe, Timothy J, *Great depressions of the twentieth century*, Federal Reserve Bank of Minneapolis,

Kiyotaki, Nobuhiro and John Moore, "Credit cycles," *Journal of Political Economy*, 1997, *105* (2), 211–248.

Kose, M Ayhan and Eswar Prasad, "Capital accounts: liberalize or not?," *Finance & Development*, 2012, pp. 19–36.

Kose, M Ayhan, Christopher Otrok, and Charles H Whiteman, "Understanding the evolution of world business cycles," *Journal of International Economics*, 2008, *75* (1), 110–130.

Kose, M. Ayhan, Eswar S. Prasad, and Marco E. Terrones, "Financial integration and macroeconomic volatility," *IMF Staff Papers*, 2003, *50*, 119–142.

Lane, Philip R. and Gian Maria Milesi-Ferretti, "International financial integration in the aftermath of the global financial crisis," *IMF Working Papers*, 2017, *115*.

Leblebiciouglu, Asli, "Financial integration, credit market imperfections and consumption smoothing," *Journal of Economic Dynamics and Control*, 2009, *33* (2), 377–393.

Levchenko, Andrei A, "Financial liberalization and consumption volatility in developing countries," *IMF Staff Papers*, 2005, *52* (2), 237–259.

Ljungqvist, Lars and Thomas J Sargent, *Recursive macroeconomic theory*, 3rd ed., The MIT Press, August 2012.

Mendoza, Enrique G, "Capital controls and the gains from trade in a business cycle model of a small open economy," *IMF Staff Papers*,

1991, *38* (3), 480–505.

Mendoza, Enrique G., "The robustness of macroeconomic indicators of capital mobility," in L. Leiderman, ed., *Capital Mobility: The Impact on Consumption, Investment and Growth*, Cambridge University Press, 1994, pp. 83–120.

Mendoza, Enrique G., "Sudden stops, financial crises, and leverage," *American Economic Review*, 2010, *100* (5), 1941–1966.

Mendoza, Enrique G. and Sergio Villalvazo, "FiPIt: A simple, fast global method for solving models with two endogenous states & occasionally binding constraints," *Review of Economic Dynamics*, 2020, *37*, 81–102.

Nataraj, Geethanjali and Pravakar Sahoo, "Argentina's crisis: causes and consequences," *Economic and Political Weekly*, 2003, pp. 1641–1644.

Neumeyer, Pablo A and Fabrizio Perri, "Business cycles in emerging economies : the role of interest rates," *Journal of Monetary Economics*, 2005, *52*, 345–380.

Pancaro, Cosimo, "Macroeconomic volatility after trade and capital account liberalization," *World Bank Policy Research Working Paper*, 2010, (5441).

Prasad, Eswar, Kenneth Rogoff, Ayhan Kose, and Shang-Jin Wei, *Effects of financial globalization on developing countries: Some empirical evidence*, Vol. 220 of **Occasional paper**, International Monetary Fund, September 2003.

Prasad, Eswar, Shang-Jin Wei, and M Ayhan Kose, "Effects of financial globalization on developing countries: some empirical evidence," *Economic and Political Weekly*, October 2003, *38* (41), 4319–4330.

Private Placement Enhancement Project, "Financial covenants reference manual," Technical Report, Private Placement Enhancement Project February 1996.

Razin, Assaf and Andrew Rose, "Business cycle volatility and openness: an exploratory cross-section analysis," *NBER Working Paper Series*, November 1992, (4208).

Schmitt-Grohé, Stephanie and Martín Uribe, "Closing small open economy models," *Journal of International Economics*, 2003, *61*(1), 163–185.

Standard and Poor's, "Corporate methodology," Technical Report November 2013.

Swarbrick, Jonathan M, "Occasionally binding constraints in large models: A review of solution methods," 2021.

Tauchen, George and Robert Hussey, "Quadrature-based methods for obtaining approximate solutions to nonlinear asset pricing models," *Econometrica*, 1991, pp. 371–396.

Uribe, Martín and Stephanie Schmitt-Grohé, *Open economy macroeconomics*, Princeton University Press, 2017.

Uribe and Vivian Z. Yue, "Country spreads and emerging countries: who drives whom?," *Journal of International Economics*, January 2006, *69* (1), 6–36.

Yamada, Haruna, "Financial integration, excess consumption volatility and world real interest rate," Graduate School of Economics, Hitotsubashi University, mimeo 2022.

ロイター,"アングル:米利上げ加速, 新興国に新たな打撃 影響に濃淡も," September 2022.

日本銀行,"金融システムレポート," Technical Report, 日本銀行金融機構局 October 2022.

著者紹介

山田　春菜

2016 年　中央大学経済学部卒業

2018 年　一橋大学大学院経済学研究科修士課程修了

現在　　一橋大学大学院経済学研究科博士後期課程在籍

　　　　元．三菱経済研究所専任研究員

# 新興国における金融統合と消費の過剰変動
## ―米国実質金利の影響―

2023 年 3 月 30 日　発行

定価　本体 1,000 円＋税

著　　者　　山田春菜

発 行 所　　公益財団法人　三菱経済研究所
　　　　　　東 京 都 文 京 区 湯 島 4-10-14
　　　　　　〒 113-0034 電話 (03)5802-8670

印 刷 所　　株式会社 国 際 文 献 社
　　　　　　東 京 都 新 宿 区 山 吹 町 332-6
　　　　　　〒 162-0801 電話 (03)6824-9362

ISBN 978-4-943852-92-6